VENDRE
AUX EXECUTIVES

François Drillon

VENDRE AUX EXECUTIVES

Le nouveau modèle de vente de **valeur** en B to B

Pearson

Édition : Delphine Galtier
Mise en pages : Straive
Couverture : Carl Brand
Photo de quatrième de couverture : © Amélie Marzouk
Fabrication : Gaëlle Marin

Publié par Pearson France
2, rue Jean Lantier
75001 Paris

ISBN : 978-2-7440-6813-3

Dépôt légal : octobre 2022

Achevé d'imprimer en septembre 2022 par GraphyCems, Espagne.

Remerciements

Merci à tous ceux qui m'ont aidé à réfléchir plus, mieux et différemment sur ce modèle de vente, en particulier Frédéric Abitan, Thierry Nicol, Florence Garsault, Stéphane Amiot et Franck Bichot.

Merci à mes amis Frédéric Kaloustian et Laurent Perret qui ont cru en moi... avant moi.

Table des matières

Remerciements / V
Préface / IX
Avant-propos / XIII

INTRODUCTION / 1

Chapitre 1 - Réinventer la vente de valeur / 3
Comprendre les nouveaux enjeux de la vente de valeur / 3
Se réaligner sur le processus d'achat de valeur / 22
Comprendre les Executives / 35

Chapitre 2 - Redéfinir le processus commercial / 47
Simplifier le modèle de vente / 47
Se structurer autour de l'engagement avec les Executives / 58

Chapitre 3 - Réimaginer le discours / 75
Pitcher la valeur / 75
Traiter les objections de l'Executive / 96
Lever les tabous / 106

Chapitre 4 - Transformer les pratiques / 113
Adopter la bonne posture / 113
Piloter le rendez-vous Executive / 128
Accéder à l'Executive / 146

Chapitre 5 - Aligner l'organisation / 165
Orchestrer la transformation / 165
Maîtriser la répartition des rôles / 172
S'appuyer sur les bons profils / 173
Adapter le management / 180

Conclusion / 183
Bibliographie / 185
Index / 187

Préface

Je ne suis pas très fier des deux histoires que je vais vous raconter car elles ne me mettent pas véritablement en valeur. En revanche, elles éclairent l'importance – devenue capitale – de savoir vendre aux Executives (aussi appelés « C-Level » ou « cadres dirigeants »), thème principal de cet ouvrage.

Ô comme j'aurais aimé avoir lu ce livre, il y a quelques années, cela m'aurait assurément évité de nombreux échecs, et donc permis de réaliser plus de ventes et, surtout, j'aurais eu la chance d'écrire cette préface depuis un penthouse au-dessus de Central Park en sirotant un cocktail Malibu.

Histoire numéro 1. Il y a quelques années, mon cabinet répond à un appel d'offres pour former une grosse force de vente composée de 350 commerciaux répartis sur toute la France. Bonne nouvelle, quelques jours après avoir adressé notre proposition commerciale, nous sommes retenus dans la « *shortlist* » et nous devons ensuite argumenter notre proposition devant un comité de décision.

Le jour J, je rentre dans une salle de réunion et autour de la table, il y avait la directrice de la formation, la DRH, le directeur national des ventes, quelques directeurs régionaux et même deux vendeurs. Ils m'accordent 15 minutes pour présenter ma réponse et 15 minutes pour répondre à leurs questions. Pendant l'entretien, je sens que j'impacte mon auditoire et que je marque des points. Je mets en œuvre toutes les techniques de persuasion que mon cabinet enseignait alors. Je me sens très en verve, fluide, enthousiaste. Je m'étais longuement préparé et, après 30 minutes d'entretien, mes interlocuteurs me remercient et je vois des sourires sur les visages. Le directeur des ventes me fait un clin d'œil et lève le pouce. J'avais donné le meilleur de moi-même et j'étais vraiment satisfait de ma prestation.

Une semaine plus tard, je reçois un appel de la directrice de la formation pour m'annoncer qu'ils avaient retenu un autre cabinet. J'étais abasourdi. Je lui demande alors « mais que s'est-il passé ? Pourquoi n'avons-nous pas été retenus ? »

La réponse me fait l'effet d'une gifle : « À vrai dire... Tout le monde a apprécié votre présentation mais, ce jour-là, notre directeur commercial n'était pas là et vos concurrents ont demandé à le rencontrer mais pas vous. Du coup, notre directeur commercial a mis un veto sur votre dossier en considérant que ne pas l'avoir rencontré était une faute grave et qu'il ne pouvait pas confier la formation à quelqu'un qui ne savait pas identifier le décideur et que votre cabinet ne saurait donc pas former ses commerciaux... » Clap de fin !

Voilà ce qu'il en coûte de se tromper de cible et de vendre à des prescripteurs plutôt qu'au décideur. On ne m'y reprendra plus, mais... c'est alors qu'intervient l'histoire numéro 2.

Histoire numéro 2. Quelques mois plus tard, je reçois un appel d'offres pour une banque nationale de taille moyenne qui envisageait la formation de tous ses chargés de clientèle. L'appel d'offres qui m'avait été adressé par la DRH me semblait incohérent et totalement inadapté aux besoins des équipes commerciales travaillant en milieu bancaire. On y trouvait pêle-mêle des demandes de techniques de vente, d'analyse de la gestuelle du client, de gestion des émotions et autres modules de programmation neurolinguistique (PNL). C'était un véritable pot-pourri de modules de formation.

Cette fois-ci, je décide de court-circuiter la DRH pour ne pas la vexer et je prends directement rendez-vous avec le directeur général de la banque en utilisant les techniques de prospection les plus affûtées. Celui-ci me donne rendez-vous quelques jours plus tard à 20 heures dans ses bureaux. L'instant est resté gravé à jamais dans ma mémoire.

Je suis assis dans la salle d'attente et c'est le directeur général en personne qui vient me chercher. Un homme affable, costume gris, chemise blanche, cravate grise, visage gris, cheveux gris. Il m'invite à m'asseoir face à lui. Il retire sa montre qu'il pose devant lui et règle le chronomètre et me dit : « Je vous accorde 20 minutes maximum. De quoi vouliez-vous m'entretenir de si important ? » J'avais prévu de lui poser quelques questions, mais je compris très vite que cela n'était ni approprié, ni pertinent de l'interroger comme s'il était un responsable de formation...

Je lui expose alors rapidement ma vision de l'efficacité commerciale pour l'époque et lui exprime mon étonnement d'avoir reçu un cahier des charges aussi peu en phase avec les exigences les plus essentielles attendues de ses équipes commerciales. Je lui affirme que la formation qui résultera de cet appel d'offres, s'il n'est pas modifié, ne permettra jamais d'obtenir de meilleurs résultats commerciaux. L'homme m'écoute avec attention et m'interrompt après 10 minutes et me dit avec une voix très douce : « Je crains, cher monsieur, que vous ne vous soyez trompé d'interlocuteur en venant me voir. Ce dont vous m'entretenez concerne mon directeur commercial, c'est précisément pour traiter de ces sujets qu'il est payé. Je vous prie de m'excuser je vais devoir prendre congé... Il se lève et me raccompagne à l'ascenseur. »

Vendre à un Executive obéit à des règles et des lois que j'ai apprises empiriquement mais que je n'avais jamais modélisées. Ces règles n'ont jamais été codifiées. Certes, il existe bien des ouvrages et des formations qui traitent du sujet des ventes complexes ou de la vente aux grands comptes, mais les techniques dispensées – y compris par mon organisme de formation – s'adressent aux opérationnels. Avec les Executives, on ne joue ni dans la même cour ni ni selon les mêmes règles. C'est un peu comme faire de la natation et passer au water-polo. Être un bon nageur est une condition nécessaire mais pas suffisante pour réussir la transition.

J'ai longtemps cherché un livre sur le sujet, y compris du côté des Américains, mais hélas, je ne l'ai jamais trouvé. Cela n'était pas très dommageable aussi longtemps que les Executives ne prenaient que des décisions stratégiques. Mais le monde a changé et, de plus en plus, ces « Execs » prennent des décisions toujours plus nombreuses pour lesquelles les directions opérationnelles ne sont que prescriptrices. Savoir convaincre et séduire un Executive devient donc de plus en plus essentiel aux commerciaux B to B. Comment donc s'y prendre ? Quels sont les « *do(s) and don't(s)* » avec les Executives. Comment maximiser les chances d'obtenir un Go. Il n'y a pas d'ouvrage de référence pour adresser spécifiquement les Executives.

Disons plutôt : « Il n'y avait pas d'ouvrage de référence. » En effet, le livre-clé qui va vous ouvrir la porte des Executives, c'est celui que vous tenez entre vos mains.

MICHAËL AGUILAR
Auteur et conférencier international
Dirigeant du cabinet Vendeur d'Élite

Avant-propos

Je n'aurais jamais dû être commercial. Je n'aurais jamais dû créer une entreprise. Je n'aurais jamais dû construire un nouveau modèle de vente.

Vous lisez pourtant ces lignes qui n'auraient jamais dû être écrites. Voici leur histoire.

Au cours des trois années d'études que j'ai passées au sein d'une École de Management renommée, qui pourtant s'appelait à l'époque « École de Commerce », j'ai eu droit en tout et pour tout à 2 heures de formation aux techniques de vente. Et encore, j'avais coché l'option par curiosité.

La vente ? Pas assez noble pour des bac+5. Nous étions destinés à faire de préférence de la finance pour les garçons, du marketing pour les filles. Cela tombait bien, j'étais bien trop timide pour imaginer être commercial un jour. Du coup, je suis sorti « major Marketing ». En fait, je m'intéressais autant aux filles qu'au marketing.

À la sortie de l'école, je rentre dans le conseil en communication, en « agence de pub » comme on disait à l'époque. Un peu comme on « rentre dans les ordres », passionné par le sujet, biberonné aux ouvrages de David Ogilvy, la foi chevillée au corps. Avec un titre de « commercial » qui correspondait en fait à un job « d'intermédiaire » entre le client et les créatifs de l'agence. Dix ans. Le temps de comprendre que je suis un créatif refoulé. Un homme d'idées et de convictions. Pas un « intermédiaire ».

Tournant à 90° à la fin des années quatre-vingt-dix, c'est la magie des chiffres. Je rejoins une société de training en management et en vente qui vient de se créer. Je me passionne pour mon nouveau métier :

animer des formations. Un détail m'avait cependant échappé lors de mon embauche. J'allais devoir les vendre, ces fameux trainings. Oui mais non je vous le redis je ne suis pas du tout fait pour cela... Ah, vous allez me former ? Pourquoi pas...

À ma grande surprise, s'ensuivent neuf années ininterrompues de progression de mon chiffre d'affaires, neuf années pendant lesquelles je suis le meilleur performeur commercial de l'entreprise, et surtout neuf années de découverte d'un métier incroyable : rentrer dans le bureau de quelqu'un que je ne connais pas et en ressortir une heure plus tard en ayant changé la vision que cette personne avait d'un sujet précis.

Quelle magie, quel pouvoir incroyable que celui de la persuasion. C'était donc cela, le métier de commercial !

Un peu d'huile de coude au passage : 22 000 appels de prospection dans le dur, 1 000 rendez-vous commerciaux... On n'a rien sans rien !

En 2007, mon principal client, qui trouvait que je commençais à lui coûter un peu cher, me propose de « m'internaliser ». Et me voilà, à créer une « Sales Academy » pour la filiale française d'une grosse société américaine, qui était à l'époque, et est encore aujourd'hui l'une des principales références lorsque l'on parle de vente aux États-Unis.

Je prends ensuite la responsabilité du « *Sales Learning* » sur le plan international. Je voyage beaucoup et je découvre comment vendent les Italiens, les Allemands et les Anglais... les Brésiliens, les Chinois et les Australiens... et surtout les Américains.

Avec un constat sans équivoque : la puissance de la méthode l'emporte sur l'empreinte culturelle. Les grandes méthodes de vente sont universelles, et leur force leur donne la souplesse de s'adapter à la marge.

Nous sommes en 2010 lorsqu'un tsunami submerge alors toutes les grandes organisations commerciales B to B qui vendent des offres à forte valeur ajoutée : la machine commerciale s'enraye.

Au lendemain de la crise financière de 2008, quelque chose semble ne plus fonctionner. Les prospects sont présents, les rendez-vous sont dans les agendas, les deals dans les pipes, mais les signatures... glissent de mois en mois, voire de trimestre en trimestre.

Branle-bas de combat dans les directions commerciales, puis (et là on ne rigole plus) dans les directions financières. De grands cabinets de conseil sont mandatés et ne tardent pas à livrer leur verdict. Il tient en trois points :

- La gouvernance des entreprises a changé.
- Les décisions de changement sont remontées d'un ou deux niveaux dans les organigrammes.
- Le processus de vente n'est plus aligné avec le nouveau processus de décision des clients.

La conclusion est simple : il faut désormais engager le plus en amont possible avec les vrais décideurs, que les Américains appellent les « Executives ».

L'idée est simplissime et claque comme un slogan : *Executive First* ! Le niveau de contact est devenu la clé de la performance commerciale.

Depuis 2010, les directions commerciales rappellent ce message année après année, kick-off sur kick-off, séminaire sur séminaire. Devant des équipes commerciales qui opinent du chef devant tant de bon sens.

Le résultat est invariablement le même : il ne se passe rien.

Car être d'accord sur un principe ne veut pas dire être en mesure de l'appliquer. C'est d'abord un enjeu d'exécution.

En 2013, j'ai décidé d'adresser cet enjeu, de créer ma propre société et d'aider mes clients à exécuter cette bonne idée.

Une fois de plus, rien ne me prédestinait à créer ma société. J'ai plusieurs amis qui sont « nés » entrepreneurs, toujours à l'affût d'une bonne idée à transformer en business. Pour ma part, ce fut l'inverse. Ce fut l'idée et l'intuition que cette idée avait de l'avenir qui m'ont convaincu de devenir entrepreneur.

J'ai eu l'avantage décisif de débuter avec une feuille blanche et une question simple : pourquoi les organisations commerciales, alors qu'elles savent qu'elles devraient engager avec les Executives très en amont dans leur cycle de vente, n'y arrivent pas ? Et donc que faudrait-il faire pour qu'elles y arrivent ?

Une feuille blanche, une question, et un peu de sueur à nouveau. La première année, j'ai dressé un « état de l'art » aussi exhaustif que possible des théories et pratiques commerciales B to B, afin de me forger quelques convictions. J'ai donc lu environ 65 000 pages de livres, de *white papers*, de blogs sur la vente, essentiellement publiés aux États-Unis.

Les convictions qui en ont émergé sont le socle du modèle que je présente dans ce livre. Au fil des ans, des formations, des expérimentations, des retours de mes clients, un ensemble très complet de concepts et de pratiques sont venus compléter ces convictions initiales. Avec une cohérence qui m'étonne moi-même. J'ai ainsi vu émerger sous mes yeux, une à une, toutes les pièces d'un puzzle qui constitue aujourd'hui ce modèle de vente.

Ce modèle est à la fois disruptif et cohérent avec des modèles récents comme « The Challenger Sale », qui est sans conteste l'une des références actuelles.

Il fonctionne d'un point de vue théorique mais aussi opérationnel. En effet, il permet aux entreprises qui l'appliquent avec détermination d'obtenir des résultats qui vont bien au-delà de leurs espérances (les règles de confidentialité m'interdisent évidemment de citer ici mes clients ou de les associer à certains *business cases* présentés).

Ce livre vise à vous donner toutes les clés de ce modèle de vente : concepts, méthodologie, discours, pratiques et organisation. Avec, au fil de ces pages qui n'auraient jamais dû être, l'ambition de faire évoluer la compréhension du métier de commercial et la manière de l'exercer.

Introduction

Le *business case* « Aurore »

Aurore est commerciale B to B « Grands Comptes » chez un éditeur de logiciels en mode SaaS qui est numéro 2 sur son marché. Cela fait plusieurs années qu'elle est la meilleure commerciale de l'entreprise. Elle travaille énormément, se dit que sa marge de progression est faible et envisage d'aller voir si l'herbe est plus verte ailleurs.

Cette entreprise étant systématiquement consultée par les prospects ayant des projets, sa politique commerciale consiste à faire très peu de prospection et à répondre systématiquement aux consultations entrantes. Ce qui demande énormément de temps aux commerciaux et de ressources en avant-vente.

À partir de 2017, le nouveau directeur commercial change d'approche et met en place le modèle de vente décrit dans ce livre.

En particulier, la prospection s'appuie désormais sur deux principes :

- Se positionner en amont des consultations et de manière proactive auprès des entreprises ayant une solution ancienne, en rencontrant les Executives.
- Faire de l'accès à l'Executive une condition sine qua non pour répondre aux consultations entrantes.

Deux ans plus tard, le revenu récurrent a augmenté de 47 % à effectifs commerciaux constants.

Les résultats les plus spectaculaires concernent Aurore, qui a multiplié son chiffre par presque trois... tout en travaillant une heure trente de moins par jour.

	2017	2019
Classement	1	1
CA (M€)	1,5	4
Heures hebdomadaires	50	42
Réponses à consultations	14	10
Consultations gagnées	4	8
Win ratio	28 %	80 %

Oui, vous avez bien lu : son *win ratio* a triplé.

L'explication tient en une phrase : **Aurore ne prend désormais le départ que des seules courses qu'elle est certaine de gagner... après avoir mis en place en amont les conditions de la victoire.**

C'est ce que nous allons voir en détail dans ce livre.

À l'heure où j'écris ces lignes, Aurore est toujours dans la même entreprise. Elle est, depuis, devenue successivement maman, directrice commerciale France puis directrice générale Europe du Sud.

Chapitre 1

Réinventer la vente de valeur

N'essayez pas d'avoir du succès. Essayez d'avoir de la valeur, et le succès viendra naturellement.

Albert Einstein

Comprendre les nouveaux enjeux de la vente de valeur

Depuis bientôt 20 ans, la notion de « vente de valeur » est omniprésente lorsque l'on évoque les bonnes pratiques commerciales dans l'univers du B to B.

Mais de quoi parle-t-on ? La « vente de valeur » est-elle une pratique, une méthode, un objectif ?

Pour certains, la vente de valeur désigne le fait de vendre des services ou des solutions à haute valeur ajoutée. Mais s'agit-il de solutions chères dans l'absolu, se chiffrant à plusieurs dizaines ou centaines de milliers d'euros ? ou bien de solutions qui seraient chères en comparaison de concurrents proposant des offres apparemment similaires ?

Pour d'autres, la vente de valeur résume un ensemble de bonnes pratiques qui permettraient, à la fin du processus commercial, de « tenir les prix » et de faire le moins de remise possible. Mais dans ce cas, où est la valeur : dans le service proposé ou dans la manière de le vendre ?

Bref, tout cela est à la fois compliqué et flou.

L'avantage avec les concepts compliqués, c'est qu'ils donnent à ceux qui les maîtrisent l'impression d'être intelligents et un sentiment de supériorité. Le problème, c'est qu'ils sont rarement opérationnels. Or les organisations commerciales ont d'abord besoin de principes qui fonctionnent et qui produisent des résultats.

La complexité, dans le monde de l'entreprise, est parfois le symptôme d'une manipulation intellectuelle.

Soyons pragmatiques : si l'on veut comprendre la « vente de valeur », la première question à se poser est : qu'est-ce que la valeur ?

Comment l'IT a réinventé la valeur

On peut logiquement se dire que la valeur d'un bien ou d'un service correspond au prix de vente affiché. Or ce prix est d'abord déterminé par les coûts :

Coût des ressources + coût de production + coût de commercialisation
= Prix de revient
+ Coûts de résilience (ou marge)
= Prix de vente
= Valeur du produit

C'est la méthode de détermination des prix la plus courante dans l'histoire du commerce.

La bouteille d'un litre d'eau plate est vendue 0,70 € au supermarché, ce prix étant l'addition des coûts de production, d'embouteillage, de distribution et de marketing, en rajoutant à chaque étape les marges des intervenants successifs dans la chaîne... de valeur.

Un mécanisme purement comptable et tellement simple qu'il permet à l'État, à chaque étage, de récupérer une taxe... sur la valeur ajoutée.

La pression de la concurrence oblige l'ensemble des acteurs à rester raisonnables quant à leurs marges, le client final ayant un intérêt évident à choisir l'offre la moins chère.

Ça, c'est l'histoire de la valeur racontée aux enfants et dans les cursus de comptabilité.

En effet, les acteurs économiques, qui cherchent pour la plupart à maximiser leurs profits pour investir et renforcer leurs positions, ne peuvent se satisfaire de cette équation. La question est donc : comment vendre plus cher que la somme des coûts et augmenter les marges (ce que j'ai baptisé « coûts de résilience ») ?

L'illustration classique est celle de la même bouteille d'eau vendue à un touriste perdu dans le désert. Non seulement elle ne vaut plus 0,70 €, mais elle n'a même plus de prix affiché. Car c'est notre propre touriste qui va en fixer lui-même le prix, en répondant à une question simple : combien êtes-vous prêt à payer pour ne pas mourir de soif ?

L'équation comptable a été balayée par deux nouveaux paramètres :

- le niveau d'urgence ;
- la rareté de l'offre.

Mais surtout, l'équation s'est renversée : la valeur n'est plus déterminée par les coûts intrinsèques du produit, mais par la perception des bénéfices qu'en a le client.

Autrement dit, ce qui compte, c'est la perception de l'impact. **La valeur, c'est ce pourquoi nous sommes prêts à payer plus que cela ne coûte.**

L'essor de l'industrie marketing depuis une cinquantaine d'années n'a d'ailleurs pas pour autre objet que d'augmenter la perception de la valeur par le marché.

Pour autant, travailler uniquement sur la perception de la valeur a ses limites, et ne peut se faire « hors sol ».

- **La valeur doit rester lisible**

N'oublions pas que la première chose affichée, c'est le prix. Le *pricing* doit toujours être corrélé à la logique de valeur.

Une illustration intéressante de décorrélation dans le domaine du B to C est la pratique de *yield management*. Elle consiste à vendre un billet de train ou une chambre d'hôtel à un prix très variable selon la date de consommation (week-end, veille de Noël ou jour de semaine) d'une part et l'anticipation de l'achat d'autre part. En gros, le prix est corrélé à la tension sur le stock, ce qui a beaucoup de sens du point de vue du gestionnaire de stock. Mais beaucoup moins du point de vue du client : les prix varient fortement selon un rationnel qui n'est pas lisible. Avec à l'arrivée un sentiment de se faire avoir, puisqu'on trouvera toujours quelqu'un qui a payé moins cher une prestation qui est strictement identique. Quand les logiques de coût prennent le pas sur les logiques de valeur, on détruit de la confiance. Donc de la valeur.

La formation en est un autre exemple. Certains organismes facturent des prix à la journée, c'est-à-dire des animateurs de trainings. D'autres facturent des prix par participants, c'est-à-dire la propriété intellectuelle d'une méthode qui est l'objet de la formation. Les organismes américains, soit dit en passant, facturent les deux.

Chaque modèle a sa logique, et suppose de répondre à la question : quelle est la réelle valeur achetée par le client ? un animateur de formation ou l'acquisition d'une méthode par chaque participant ?

- **La valeur doit rester justifiable**

La limite de l'exemple du « touriste perdu dans le désert », c'est que celui-ci, une fois sauvé, ne manquera de se rappeler au bon souvenir du porteur d'eau et de lui faire payer son abus de position dominante.

Autrement dit, en traitant un client comme un otage et en lui surfacturant la valeur, on est condamné à faire du one-shot et à avoir mauvaise réputation.

Ainsi les *costkillers* des années 1990 et 2000, en se rémunérant sur les économies générées pour le compte de leurs clients, pensaient avoir trouvé la martingale, puisque la logique économique était par nature « gagnant-gagnant ». Mais leurs clients ont vite compris que le travail effectif était parfois dérisoire au regard des niveaux de rémunération. On peut à la fois gagner de l'argent grâce à un prestataire... et avoir l'impression de se faire voler.

- **La valeur doit être objective**

Ce qui est vrai en matière de prix l'est également en matière de discours commercial et marketing. On assiste parfois à une surenchère des promesses, déconnectées ou pour le moins non-corrélables avec la réalité du service délivré. On frise l'ésotérisme dans certaines *baselines* d'entreprises. Par exemple : « *Make your life better* », pour une un éditeur de logiciels de gestion.

L'amélioration de la valeur perçue, qui permet concrètement d'augmenter la marge unitaire, n'est finalement rien d'autre que du « bon sens de commerçant ». Elle se heurte cependant à un mur : un bien produit correspond à un bien vendu. Avec éventuellement des économies d'échelle, mais à la marge.

La bouteille d'eau ne peut être vendue qu'une seule fois. Même dans le désert. Évidemment, et surtout à ce prix-là, c'est dommage.

Et c'est là qu'a lieu un premier miracle : la vente sous licence de logiciels informatiques à partir des années 1960. Pour la première fois, un même produit devient quasi immatériel. Il peut donc être vendu des milliers, voire des millions de fois, pour un coût marginal qui est celui du support informatique et de son acheminement chez le client, le coût initial du développement du programme étant très rapidement amorti. Et en plus, avec une date de péremption de fait liée à la future mise à jour. Si l'on raisonne en termes de coûts, cela ne vaut donc presque rien. Si l'on raisonne en termes de valeur, c'est une autre histoire. Le 10 000 000e exemplaire de la disquette ou du CD permettait au client, au même titre que le premier exemplaire, de réaliser une opération mathématique complexe. La valeur pour le client est stable. Autant des économies d'échelle interviennent dans la production, autant la courbe de valeur du service délivré reste linéaire.

Mais dès lors, comment fixer un prix ?

Si l'on se place du point de vue du client et non plus du producteur, la réponse est simple : le maximum de ce qui est justifiable au regard de ce que cela rapporte.

La valeur, comme nous l'avons vu, est ce pour quoi le client est prêt à payer plus que cela ne coûte.

Le maximum justifiable est donc corrélé aux bénéfices générés, à l'impact pour l'entreprise. La valeur est indexée sur le *return on investment* (ROI).

Ainsi la notion de retour sur investissement fait soudain irruption dans le raisonnement, et pour longtemps : « à partir du moment où je suis capable de démontrer que c'est rentable pour vous, peu importe combien cela nous coûte à produire ».

Mais cet exercice se heurte à une limite : les clients ne sont pas idiots. Ils ont bien conscience des marges indécentes des éditeurs. Et comme ceux-ci ont besoin de facturer, ils commencent à faire des remises qui seront bientôt colossales, jusqu'à 80 %. Pratique qui n'est pas sans effet sur la valeur perçue : comment expliquer qu'un logiciel soit facturé 100 euros le 15 janvier et 20 euros le 15 décembre ? On en revient à la problématique du *yield management*.

Et c'est alors que se produit, au début des années 2000, le second miracle dans l'histoire de l'informatique, qui est en réalité un triple miracle : **le cloud, le SaaS et le Récurrent. Un miracle technologique qui rend possible un miracle commercial qui rend possible un miracle financier.**

Une sorte de Sainte Trinité qui est devenue une machine à créer de la capitalisation boursière.

Le cloud permet d'avoir un logiciel, ou aujourd'hui une plateforme, à disposition et à jour 24 heures sur 24 et 7 jours sur 7. Finies les mises à jour, la dernière version est toujours en ligne. Les utilisateurs peuvent s'affranchir des contraintes d'infrastructure, ou plus exactement les externaliser, ce qui permettrait de facturer au client non plus la propriété d'un programme informatique mais son usage. Cette évolution a beaucoup de sens, puisque la valeur est effectivement dans l'usage.

Adieu les remises de fin d'année. On a désormais un *pricing* bien mieux aligné avec la réalité de la valeur à la fois délivrée et perçue : un montant fixe par utilisateur et par mois. Le SaaS (*Software as a Service*) est né.

Évidemment, ce système suppose une durée minimum d'abonnement. Les éditeurs investissent en amont dans le développement des algorithmes et la mise à disposition des infrastructures informatiques. Ils ont donc besoin de sécuriser les futurs revenus correspondants. D'où des contrats de 3 ans minimum. Sachant que, dans la réalité, la durée effective des contrats en mode SaaS en Europe est de 5 ans.

Pour les clients, ce nouveau mode de fonctionnement permet un lissage financier en transformant les Capex (investissements) en Opex (charges). Il permet également de mieux gérer le risque informatique en le déléguant. À défaut de faire des économies.

En effet, pour les éditeurs, c'est le jackpot. Parti de rien, le marché de l'IT « *as a service* » (SaaS, IaaS, DaaS, PaaS, BPaaS, etc.) devrait atteindre 482 milliards de dollars en 2022 sur le plan mondial (Gartner, août 2021). La progression est en moyenne de 20 % par an et s'accélère depuis la crise du Covid-19.

Un modèle économique qui va donner des idées à tous les secteurs de l'économie.

Sortir du « *corner* » de la commodité

Ce modèle économique, marginal il y a encore 10 ans, pourrait bien devenir le modèle dominant dans 10 ans, tant en B to B qu'en B to C.

Sa croissance s'appuie sur deux tendances de fond :
- la digitalisation à marche forcée des entreprises ;
- la nécessité de sortir du « *corner* » de la commodité.

Au fil des ans, toutes les briques de fonctionnement des entreprises se sont informatisées, du back-office au front-office : gestion des RH, gestion financière, pilotage de la *supply chain*, gestion des clients, prévisions de vente, outils décisionnels de *business intelligence*, site de vente en ligne… Des « méta-briques » comme les progiciels de gestion intégrés (PGI ou *Enterprise Resource Planning* – ERP) garantissent la cohérence et la fluidité des systèmes d'information autour d'une logique commune.

Les gains de productivité liés à cette évolution sont importants : l'automatisation des tâches permet de travailler plus vite sans faire d'erreur. Pour autant, ils restent très relatifs. La croissance de la productivité a été divisée par deux entre 2000 et 2020 (source OCDE). S'il est facile de calculer combien un progiciel de *Customer*

Relationship Management (CRM) coûte à une entreprise, il est plus difficile d'établir combien cela rapporte.

En réalité, la digitalisation des processus ne crée pas d'avantage concurrentiel durable. La vitesse d'adoption par tous les acteurs du marché annule rapidement le gain concurrentiel. Pire, elle aboutit à des mille-feuilles informatiques difficiles à détricoter. Bref, elle a surtout enrichi les éditeurs de logiciels...

Le réel enjeu de la digitalisation est ailleurs. Comme le dit l'un de mes clients : « Si on digitalise un process sans queue ni tête, on se retrouve avec un process sans queue ni tête digitalisé. » La belle affaire !

Il ne s'agit plus seulement d'informatiser les process mais de les repenser. Et au-delà des process opérationnels de fonctionnement d'une entreprise, de repenser l'ensemble de la chaîne de valeur, donc le *business model*, et de les réinventer pour créer plus de valeur pour le client final.

Et revoilà notre fameuse « valeur » qui refait surface, non pas comme une contingence marketing ou commerciale, mais comme véritable enjeu de la transformation digitale des entreprises.

Pour le dire différemment, jusqu'au début des années 2000, l'informatique était une fonction « support » du business (j'entends ici « *business* » au sens anglo-saxon, c'est-à-dire l'ensemble des biens produits et des services fournis), au même titre que la finance ou les ressources humaines.

Aujourd'hui, **le digital transforme la manière de faire du business, tout comme le business transforme la manière de concevoir le digital.** C'est la fameuse « transformation digitale » dont tout le monde parle.

Cette possibilité de faire du business différemment grâce au digital (fig. 1.1) a, comme nous l'avons vu, d'abord profité aux éditeurs et plus largement aux entreprises de l'IT qui faisaient office à la fois de prestataires... et de modèles.

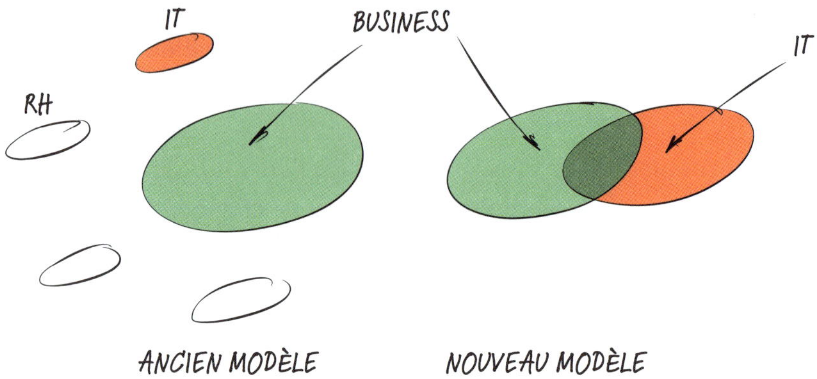

FIGURE 1.1. Le changement de modèle

Car assez rapidement, tous les secteurs économiques ont été disruptés par de nouveaux acteurs faisant irruption avec une chaîne de valeur repensée autour du digital et de nouveaux *business models*.

Pourquoi par de nouveaux acteurs ? D'abord parce qu'il est plus simple de s'exercer en partant d'une feuille blanche que de faire pivoter le système informatique historique. Ensuite parce que les investissements nécessaires à ces nouveaux modèles seront relativement légers, toutes les barrières à l'entrée soigneusement mises en place par les acteurs historiques volant en éclat du fait de la digitalisation. Et comme en plus l'argent coule à flots...

Si l'on prend l'exemple des grandes banques françaises, les racines de leur informatique datent des années 1970 et le coût de leur système informatique représente un investissement de plusieurs milliards d'euros pour chacune d'entre elles. Bref, un système conçu pour être extrêmement robuste.

Or, le marché requiert aujourd'hui de l'agilité et les banques traditionnelles se sont fait disrupter par des néobanques sans agences et sans conseillers, trois fois moins chères, avec des applications hyper-agiles, une infrastructure légère et dans le cloud, et donc des marges conséquentes. Ce qui est vrai des banques l'est également de tous les secteurs, sans exception.

Cette évolution s'est faite en premier lieu sous la menace de nouveaux acteurs qui sont venus « botter les fesses » des acteurs historiques. Elle s'est ensuite opérée sous l'impulsion des acteurs historiques eux-mêmes, qui ont vu dans la transformation digitale une opportunité unique : celle de sortir du corner de la commodité.

Qu'est-ce que la commodité ? Qu'est-ce que la valeur ? L'opposition entre ces deux notions est centrale car elle a des conséquences majeures sur le plan commercial.

La commodité est un produit ou un service normalisé, banalisé et interchangeable d'un fournisseur à l'autre. Elle n'est pas différenciante en termes de valeur perçue. Le seul différenciateur possible, c'est le prix. Ce qui se traduit par une spirale infernale de réduction des marges, des coûts, des investissements, et de délocalisation. Seuls les acteurs dominants peuvent s'en sortir grâce aux économies d'échelle. En attendant la prochaine disruption.

Tout ce qui n'est pas de la valeur... est *de facto* de la commodité. Tout ce qui n'est pas perçu comme de la valeur... est *de facto* de la commodité. Tout ce pour quoi le client n'est pas prêt à payer plus que cela ne coûte... est *de facto* de la commodité.

L'opposition « valeur *vs* commodité » est un outil à la fois simple et puissant de lecture des offres des entreprises.

La valeur d'hier est aujourd'hui de la commodité, la valeur d'aujourd'hui sera demain de la commodité. Autrement dit, la valeur est fortement liée à l'innovation ; elle a donc une durée de vie limitée.

Ce principe vaut également dans l'univers digital. L'une des conséquences du cloud est d'avoir démocratisé l'accès au digital, et finalement de l'avoir « commodisé ». L'« informatique » se nomme désormais « digital », qui n'est plus réservé aux seuls spécialistes. En particulier, ce champ est en partie sorti du giron historique des directions des systèmes d'information (DSI). Depuis 2015, plus de la moitié des dépenses IT des entreprises du CAC40 sont engagées directement par les « métiers » sans passer par la DSI (source Accenture).

Ce cycle naturel de « commodisation » de la valeur conduit d'ailleurs les entreprises à proposer les deux dans leurs portefeuilles d'offres, selon le principe bien connu de la pyramide de valeur (fig. 1.2).

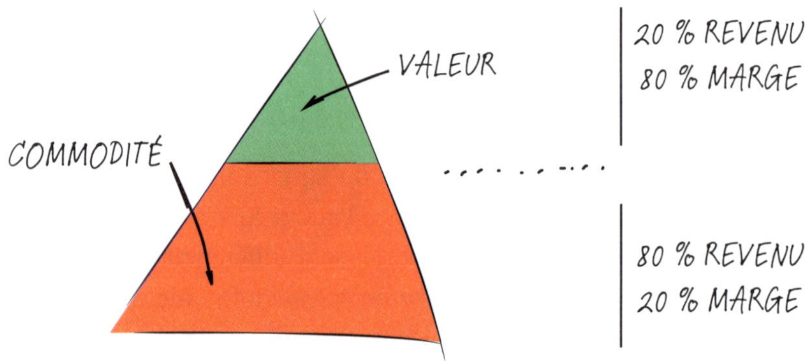

FIGURE 1.2. Pyramide de valeur

La majorité des entreprises sont aujourd'hui obsédées par la création de valeur et la volonté de se « décommodiser ». Mais comment faire ?

La voie royale se nomme disruption.

Pour expliquer ce phénomène, j'aime à utiliser une théorie que j'ai baptisée le « principe des trois contraintes ». Sur un marché donné, l'ensemble des acteurs opère généralement selon un modèle économique semblable dans sa structure. Ce modèle se traduit pour le client en contraintes de prix, de qualité et de délai.

Et il existe une règle universelle qui dit : « Vous ne pouvez en avoir que deux sur trois » (principe des trois contraintes, fig. 1.3). En clair :

- Si vous voulez de la qualité rapidement, le coût sera supérieur.
- Si vous voulez de la qualité à un prix abordable, le process sera plus long.
- Si vous voulez rapidement quelque chose de peu onéreux, il faudra accepter quelques défauts.

C'est imparable. On peut tourner le raisonnement dans tous les sens, il est implacable. Autrement dit, c'est une équation à somme nulle.

Problème : les clients ne veulent plus choisir. Ils veulent à la fois mieux, plus vite et moins cher, ce qui est impossible si l'on continue dans le modèle ou le paradigme existant. Il n'existe donc qu'une seule possibilité : en sortir pour en inventer un autre. C'est cela la disruption.

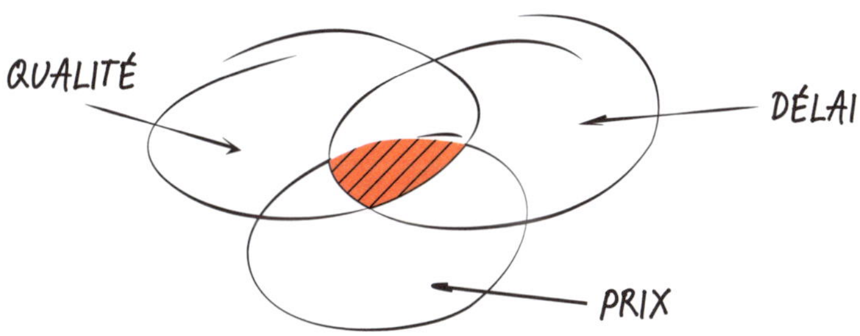

FIGURE 1.3. Principe des trois contraintes

Concrètement, la disruption est souvent la combinaison de deux ruptures : rupture technologique et rupture de *business model*.

- **La rupture technologique**

Comme nous l'avons vu, la digitalisation transforme la manière d'opérer le service, principalement autour de deux axes :

– La *data*, dont on dit que c'est « l'Or noir » du XXIe siècle, permet de proposer au client une expérience toujours plus fluide, plus pertinente et davantage personnalisée.

Création de valeur par la *data*

Depuis 20 ans, la société lyonnaise Medicrea fabrique et vend des implants métalliques. En l'occurrence, les vis articulées et les tiges d'ostéosynthèse qui sont fixées sous la peau dans les opérations chirurgicales de réalignement de la colonne vertébrale. Bien qu'en pointe sur le plan technologique, Medicrea doit faire face au rouleau compresseur marketing et commercial de ses concurrents aux États-Unis, son principal marché.

Le constat est par ailleurs que les chirurgiens décident de la stratégie opératoire (positionnement des implants et courbures des tiges) pour chaque patient de manière empirique sur la seule base de leur expérience et de leur intuition. Et les résultats sont très variables d'un patient à l'autre, tant les variables sont nombreuses.

Medicrea a alors l'idée de changer de modèle et commence à récolter et à consolider les images pré et postopératoires (sur 2 ans après l'opération) de milliers d'opérations. En parallèle, tous les investissements en R&D vont au développement d'une intelligence artificielle (IA) propriétaire permettant d'établir des modèles prédictifs.

Sur cette base, l'entreprise propose désormais aux chirurgiens une stratégie opératoire personnalisée optimale en amont de chaque opération. Avec évidemment les implants sur mesure et, en prime, un joli poster avec l'ensemble des détails de chaque opération à afficher dans le bloc opératoire.

Medicrea s'est ainsi mis à vendre de l'intelligence en lieu et place de la ferraille… tout en facturant la ferraille au prix fort. Nouveau marché, fortes marges, absence de concurrent, barrière à l'entrée imposante. Un bel exemple d'« Océan Bleu ».

La valorisation de l'entreprise a été décuplée avant qu'elle ne soit récemment rachetée par l'un des leaders américains du secteur.

– Les plateformes, en s'affranchissant des contraintes de temps et d'espace, permettent d'adresser la complexité d'un écosystème à travers un mode collaboratif intuitif.

Création de valeur *via* une plateforme

Protys œuvre dans un métier qui peut sembler peu passionnant au premier abord : les déclarations de travaux à proximité des réseaux. Un sujet très réglementé, avec des « Cerfa » dans tous les sens. Pour le commun des mortels, il s'agit de ces fameux traits rouges, bleus et jaunes sur les trottoirs. L'objectif étant d'éviter que le marteau-piqueur ne passe à travers une fibre optique ou, pire, une colonne de gaz.

D'autant plus compliqué à coordonner que les acteurs concernés (collectivités territoriales, opérateurs de réseau et entreprises de travaux) vivent sur des planètes différentes.

En consolidant, dans la durée, les déclarations et en les mutualisant sur une plateforme unique, Protys crée une valeur très concrète pour ses clients : le temps administratif a été divisé par dix, tout en améliorant la sécurité.

Et, pour le coup, cela rend ce métier passionnant !

Le rythme des ruptures technologiques n'est pas près de faiblir, avec la montée en puissance de l'intelligence artificielle (IA) aujourd'hui et des ordinateurs quantiques à moyenne échéance. À tel point que d'autres limites apparaissent : la capacité d'adoption par les utilisateurs et la capacité des entreprises à s'engager sur des technologies dont on ne connaît pas la durée de vie ou la pertinence.

- **La rupture de *business model***

  Cette rupture peut prendre différentes formes, en lien ou pas avec une rupture technologique.

– Le modèle « *Value as a Service* » consiste à se concentrer sur la valeur d'usage et à la facturer sur un mode récurrent à travers un contrat pluriannuel. L'ARR (*Annual Recurring Revenue*) est devenu l'alpha et l'oméga des actionnaires. Il s'applique évidemment à tous les services digitaux, ce sont eux qui l'ont inventé ! Et pas seulement...

Création de valeur en mode « *Value as a Service* » non digital

Urban Green fleurit les terrasses, balcons et intérieurs des entreprises.
Comme il n'a échappé à personne que les plantations dépendent des saisons, l'entreprise propose de venir tout replanter ou presque deux, trois ou quatre fois par an selon la formule retenue. Avec une facturation mensuelle et un contrat de 3 ans.

- Le modèle de « déplacement de la valeur » dans des activités traditionnelles, non digitales. Il s'agit d'un modèle de « décommoditisation », disruptif par excellence, qui consiste généralement à casser les codes d'un marché.

Création de valeur par « déplacement de la valeur »

Executive Selling est une société qui propose des trainings commerciaux premiums en B to B, marché de commodité, hautement concurrentiel, où les prix sont tirés vers le bas. La facturation se fait sur la base de prix de journée, conformément au modèle dominant en Europe.
Les programmes associent des briques de consulting, de formation et d'e-learning. Compte tenu des prix élevés, les clients cherchent à désosser les programmes pour n'en acheter qu'une partie.
Et puis un jour, rupture de modèle. Considérant que ses programmes, issus de centaines de jours de R&D, sont uniques, Executive Selling bascule dans le modèle américain : facturation de la propriété intellectuelle.
Autrement dit, la valeur n'est plus l'animateur du programme, mais le programme lui-même, dont le prix devient forfaitaire par participant.

Vendre la valeur, c'est vendre une décision de changement

Le contexte que nous venons de décrire permet de comprendre pourquoi, aujourd'hui, toutes les entreprises de B to B, acteurs récents et acteurs historiques, cherchent à se positionner sur des offres de valeur.

Rentrons à présent dans le vif du sujet de ce livre : comment vendre ces nouvelles offres de valeur ?

Le premier réflexe est de penser que la réponse varie selon les secteurs, selon le type d'interlocuteurs ou encore selon le montant du panier moyen. Vendre un projet de transformation IT « *Move to Cloud* » à 3 millions d'euros à une entreprise de taille intermédiaire (ETI) a sans doute peu de choses à voir avec la vente d'une solution « *Procure to Pay* » de pilotage du poste fournisseurs à 30 k€ annuels à une PME.

Et pourtant, c'est très exactement la même chose.

Pour comprendre pourquoi, il faut déjà se mettre d'accord sur la définition de la vente. La compréhension courante de la vente tend à se focaliser sur l'étape finale de conclusion : cet instant tant attendu, celui qui nous procure tant d'adrénaline, celui pour lequel nous faisons ce métier... où le client donne son accord. Avant que nous n'appelions notre boss pour lui annoncer, fièrement : « je l'ai signé ! » Comme s'il incombait au commercial de signer le contrat...

Mais la vente ne se résume pas à la signature. La vente est un processus qui dure plusieurs semaines ou plusieurs mois et qui se traduit, *in fine* et dans le meilleur des cas, par un acte d'achat.

C'est toujours le client, ou le prospect, qui a le dernier mot. Avec un choix très binaire : oui ou non. J'achète, je n'achète pas. Je signe, je ne signe pas.

Naturellement, notre travail consiste à faire pencher la balance du bon côté. Donc si la vente est un processus, la définition de ce processus pourrait être la suivante : **vendre, c'est créer les conditions pour qu'une entreprise prenne la décision de nous acheter.**

Mais de quelle décision parle-t-on ? de la décision d'acheter une nouvelle solution de *business intelligence* ? de la décision de mettre en place un nouveau parcours client en ligne ? de la décision de déployer un nouveau dispositif de suivi en temps réel des flux d'approvisionnement ?

Toutes ces réponses sont techniquement justes... et fondamentalement fausses. Car la toute première décision que le client doit prendre est celle de changer.

Dans certains cas, il s'agit de changer de prestataire pour adresser un sujet qui l'était déjà avec un autre. Dans d'autres cas, il s'agit d'adresser, avec un prestataire, un sujet que l'on traitait jusqu'à présent en interne. Et enfin, il s'agit parfois d'adresser, avec un prestataire, un sujet qui n'était pas adressé jusqu'à présent.

Mais dans tous les cas, il s'agit de bien plus qu'un changement de prestataire. Il s'agit d'abord et avant tout d'un changement de logique, ou de paradigme, ou de vison. Et c'est ce changement qui conduit à faire le choix d'un nouveau prestataire et, éventuellement, à nous choisir.

Et d'ailleurs, si le changement de prestataire n'était pas motivé par un changement de logique, ce serait le symptôme que nous sommes dans l'univers de la commodité, et non de la valeur.

Vendre la valeur, c'est vendre un changement de logique. C'est aussi simple que cela.

C'est certainement la phrase la plus importante de ce livre. Tout ce qui va suivre, sans exception, en est la conséquence.

Dire que « vendre la valeur, c'est vendre du changement » est assez évident si l'on considère que « valeur = innovation = transformation = changement ». Mais l'on ne pose pas toujours cette évidence clairement sur la table.

La conséquence directe est que le principal concurrent, lorsque l'on vend de la valeur, n'est pas la société X ou Y. C'est le *statu quo*.

80 % des opportunités commerciales en B to B aboutissent à une absence de décision (source Gartner), ce qui, de fait, revient à la décision... de ne pas changer.

Résister au changement est dans la nature humaine. Changer, c'est sortir de sa zone de confort, prendre des risques et adresser les freins aux changements : en particulier les 2 « P » : les « *process* » (pas simple) et les « *people* » (carrément compliqué), ce qui a des conséquences directes sur le plan commercial.

Off the record

Alors que j'étais jeune stagiaire dans une très grande entreprise à l'époque détenue par l'État, un n–2 du Comex, donc quelqu'un de très haut placé dans l'organisation, m'a fait une confidence lors d'un déjeuner : « Pour faire une belle carrière dans une grande entreprise comme la nôtre, vous ne devez jamais faire d'erreur. Et pour cela, il y a deux règles absolues : ne jamais rien décider et changer suffisamment souvent de job pour que cela ne se voie pas. » Instructif quand on a 19 ans.

Se réaligner sur le processus d'achat de valeur

Si vendre de la valeur, c'est vendre un changement de logique, comment un tel changement se décide-t-il en entreprise ? Qui est impliqué ? Et le processus de décision dépend-il du sujet ?

Le processus de décision en matière de changement est aujourd'hui bien connu et d'une simplicité étonnante.

Décider de changer, c'est répondre successivement à trois questions (fig. 1.4) :

- Pourquoi changer ?
- Pourquoi maintenant ?
- Pourquoi votre solution ?

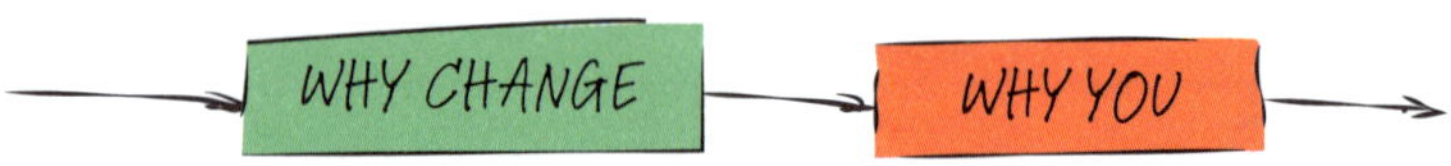

FIGURE 1.4. La décision de changement

C'est logique et c'est universel. Probablement, en observant des fissures apparaître dans sa grotte, l'homme de Cro-Magnon se posait-il les exactement les mêmes questions et dans le même ordre.

Pour la suite du raisonnement, je vais me permettre un raccourci : considérer que le « pourquoi maintenant » fait partie du « pourquoi changer ». En effet, décider de change plus tard, c'est décider... de ne pas changer maintenant. Donc de ne pas changer.

Cela étant posé, quels sont les acteurs concernés dans ce processus ?

Achat de valeur *vs* achat de commodité

L'opposition entre valeur et commodité prend ici tout son sens.

En effet, le « B to B », terme générique qui désigne la vente aux entreprises, est en train de se scinder en deux univers bien distincts. Et cette récente et radicale dichotomie vient de la manière dont les entreprises décident et achètent.

L'achat de commodité consiste à acheter des biens et services déjà bien identifiés et déjà acquis dans le passé. À ce titre, le processus d'achat est bien maîtrisé :

- Les « opérationnels », c'est-à-dire ceux qui sont en responsabilité d'un point de vue opérationnel et qui ont besoin des biens ou services en question, impulsent une décision d'achat, définissent un cahier des charges et prédéfinissent une « *longlist* » de prestataires potentiels.
- Le service « Achats » organise ensuite la consultation, sélectionne les meilleures réponses (« *shortlist* »), négocie les prix, fait valider le choix final par les opérationnels, et contractualise.

Donc les opérationnels répondent à la question du « quoi », les achats à la question du « qui » (fig. 1.5).

FIGURE 1.5. L'achat de commodité : processus décisionnel

S'agissant de commodités et donc d'offres peu différenciées, le prix est le premier critère de choix.

Tout cela est tellement simple et automatisable que **le processus d'achat de commodités est en cours de « plateformisation », se rapprochant des parcours d'achat observés en B to C.**

Le processus d'achat de valeur est lui bien différent, puisqu'il s'agit d'un processus de décision de changement de logique.

La première question qui se pose n'est donc pas celle du « quoi », mais celle du « pourquoi changer ». Et ensuite celles du « quoi » et du « qui ».

Qui décide d'un changement de logique dans une entreprise ?

Pas les achats évidemment, ce n'est pas leur rôle.

Pas les opérationnels non plus, mais c'est plus récent. La gouvernance des entreprises a fortement évolué depuis 20 ans, influencée successivement par la déflagration de l'affaire Enron en 2001, la loi Sarbanes-Oxley en 2002 puis la crise financière de 2008.

L'esprit de cette évolution est que quelqu'un qui est en responsabilité opérationnelle sur un sujet ne puisse plus être le décisionnaire final des investissements ou des dépenses sur le même sujet. Ceci afin d'éviter les conflits d'intérêts. S'ils ont toujours un rôle de prescription, **les opérationnels ont perdu tout pouvoir de décision en matière de changement.**

Celui qui décide, c'est le n+1 de l'opérationnel. Parfois, même si c'est plus rare, c'est son n+2.

Par exemple, un directeur de la *supply chain*, responsable d'un point de vue opérationnel de l'ensemble des opérations d'approvisionnement et utilisant un logiciel de pilotage, qui est par définition très structurant dans la manière de gérer le sujet, ne peut plus décider seul d'un changement d'outil.

Évidemment, il sera consulté et fortement impliqué dans la décision. Mais la décision finale sera prise, ou validée ce qui est la même chose, par son n+1 : le directeur des opérations (fig. 1.6).

FIGURE 1.6. L'achat de valeur : processus décisionnel

Ce décisionnaire final, c'est celui que nous appelons l'« Executive ».

Pourquoi ne pas l'appeler « décisionnaire final », tout simplement ? Parce que son rôle ne se limite pas à la décision finale. Il est aussi, potentiellement, l'« impulseur initial », et c'est d'ailleurs à ce titre qu'il va nous intéresser le plus. En effet, c'est lui qui très tôt dans le processus, a le pouvoir de lancer une réflexion qui n'était pas prévue sur un sujet donné.

La meilleure traduction d'« Executive » est donc « impulseur initial – décisionnaire final » (pour une compréhension facilitée, nous utiliserons systématiquement le terme générique anglais « Executive »).

On lit parfois le terme « *C-Level* ». Les *C-Levels* sont les membres d'un Comex (*Chief Executive Officer/Chief Marketing Officer/Chief Information Officer/Chief Operating Officer*, etc.). Or, le décideur final sur notre sujet n'est pas nécessairement membre du Comex, il est parfois n–1 ou n–2 dans les très grandes entreprises. Donc « Executive » est le terme le plus pertinent.

Une fois la question du « pourquoi changer » adressée par l'Executive, vient la question du « pourquoi nous ». Et celle-ci est adressée par les opérationnels.

En effet, ce sont eux qui sont techniquement compétents pour rentrer dans le détail, établir un cahier des charges et évaluer les différentes solutions.

Avant un éventuel passage par la « case » Achats et une validation définitive de l'Executive.

En conclusion, **l'Executive est celui qui impulse la réflexion et valide la décision de changement.**

Une nouvelle grille de lecture

La figure 1.6 permet de mieux comprendre les situations commerciales rencontrées au quotidien.

- **Premier cas de figure.** Nous recevons une consultation ou un appel d'offres d'un prospect que nous n'avions pas particulièrement identifié. Évidemment, l'Executive a validé le principe d'une consultation du marché dans le cadre de sa propre feuille de route. Feuille de route qui n'apparaît pas très clairement dans le cahier des charges, lequel est généralement focalisé sur la dimension fonctionnelle. Le processus de consultation est très cadré en termes d'étapes et de planning : dates de remise des offres, de soutenance, du choix final, de démarrage.

  Si l'on demande à rencontrer l'Executive, la réponse est généralement :

  1. C'est inutile pour le moment, tout est dans le cahier des charges.
  2. Mais rassurez-vous, vous le rencontrerez plus tard. Le jour de la soutenance.

  Plus grave encore, lorsqu'une entreprise consulte le marché, elle a pré-identifiée un prestataire avec lequel elle envisage de collaborer dans 85 % des cas. Et si l'on n'est pas au courant que c'est nous... c'est qu'un autre a été présélectionné. Certes, cette préférence n'est pas définitive, mais ce prestataire va quand même faire la course en tête.

Bref, on subit, on joue en défense, ce qui n'est pas le meilleur moyen de marquer des points. Cette situation défavorable doit très sérieusement poser la question du Go/No-Go.

- **Deuxième cas de figure.** Nous prospectons et contactons les opérationnels.

  Pourquoi eux ? De nombreuses (mauvaises) raisons s'additionnent :
  - nous les connaissons...
  - nous parlons le même langage...
  - ils ont plus de temps pour nous recevoir...
  - c'est plus simple que de contacter leur n+1...

  Et surtout : nous avons jusqu'à présent vendu en passant par les opérationnels ! Alors pourquoi changer ?

  Donc nous contactions un opérationnel, nous avons un premier rendez-vous, puis un deuxième, puis un troisième... Au fil des semaines et des mois, nous allons faire une première proposition, puis une deuxième, puis une troisième... Nous nous rapprochons du but, nous affinons le revenu prévisionnel et nous augmentons notre probabilité de signer dans le CRM.

  Et subitement... plus de son, plus d'image. Notre opérationnel, notre « sponsor », habituellement si collaboratif, ne répond plus à nos mails, ne décroche plus ... Mais que se passe-t-il ?

  Quelque chose de très simple à comprendre. Nous parlons depuis des mois à un (ou plusieurs) non-décideur(s). Donc il n'est pas en mesure de décider.

  Peut-être était-il juste à l'écoute du marché, en train de faire des benchmarks sur les innovations en cours. Peut-être nous a-t-il reçu juste parce que nous avons fait le forcing pour prendre rendez-vous.

  Dans le meilleur des cas, il va remonter le dossier sur le bureau de son n+1. Qui sauf miracle, aura d'autres priorités. Pour autant qu'il ait compris de dont on lui parle, car l'opérationnel n'est pas spécialement formé pour « pitcher » la valeur de notre solution.

Donc bien souvent, l'Executive qui voit arriver un nouveau sujet porté par son n–1, se dit en son for intérieur : « C'est quoi ces histoires ? J'ai d'autres priorités pour le moment... » Mais pour ne pas démotiver son collaborateur, il va lui répondre : « C'est un super projet, bravo ! On va regarder cela, mais plutôt en début d'année prochaine... Je te rappelle que la priorité pour le moment est... »

Le lendemain, nous voyons enfin le nom de notre contact s'afficher sur notre mobile, qui nous dit : « Bon, j'ai de bonnes nouvelles, c'est plutôt bien parti ! C'est juste une question de timing... » Ravi d'avoir de bonnes nouvelles, nous augmentons encore la probabilité dans le « *forecast* », tout en décalant de 6 mois la date de signature.

L'opérationnel y croit. Nous y croyons. Et pourtant le deal ne va jamais se faire. Le réel décideur n'a absolument aucune intention d'avancer sur le sujet. Mais nous ne le saurons jamais. Un jour, de guerre lasse, nous laisserons tomber... Sponsor, vous aviez dit « sponsor » ?

Oui, mais vous allez me dire : « Engager avec les opérationnels nous permettra précisément d'accéder à l'Executive. »

C'est un mythe. D'abord, les opérationnels ne sont pas les mieux placés pour parler de notre approche à leur n+1, sous un angle autre qu'opérationnel. Ensuite, l'Executive va nous « cataloguer » comme les interlocuteurs naturels de ses n–1 et refusera de nous voir, à moins que nous ne venions nous-mêmes avec notre n+1.

Résultat, cela fonctionne assez rarement. La démarche commerciale obéit à la loi de la pesanteur : on descend toujours, on remonte rarement.

Engager avec les opérationnels, c'est engager avec des non-décideurs. **Quand on engage avec des non-décideurs, on aboutit à une non-décision.**

Ce qui explique que 80 % des opportunités de business déclarées par les commerciaux ne donnent finalement lieu à aucun projet de la part du client.

On assiste ainsi à un désalignement entre un processus de vente, qui est devenu celui de la commodité, et le nouveau processus d'achat de la valeur.

Et nous persistons. Par habitude, par confort, et avec la justification que, parfois c'est vrai, on signe quand même en passant par le bas. Le Gulf Stream lui-même ne va pas s'arrêter du jour au lendemain : c'est progressif.

Mais inexorablement ce désalignement se traduit par une baisse de la performance commerciale : toujours plus de ressources pour toujours moins de résultats.

Bonne nouvelle : il existe une alternative qui va nous permettre de réaligner notre processus de vente avec le processus de décision du client.

- **Troisième cas de figure.** Où l'on engage directement avec l'Executive. Évidemment, il faut d'abord obtenir un rendez-vous. Évidemment, il faut ensuite conduire ce rendez-vous de manière exemplaire. Mais si l'on parvient à franchir ces deux étapes, nous obtiendrons un résultat décisif : une décision.

  Laquelle ? Pas celle de travailler avec nous, c'est prématuré. Plutôt celle de creuser ou pas le sujet, selon l'intérêt que l'Executive va y porter. Ce qui constitue une première étape décisive dans la séquence d'engagement.

Oui, mais vous allez me dire : « Si au bout de 30 minutes, l'Executive n'est pas intéressé, tout s'arrête ! »

C'est exact. Tout s'arrête. Et c'est précisément l'intérêt.

Cette méthode ne va rien changer au fait que nous allons continuer à gagner et perdre des affaires. L'objectif est de les gagner ou de les perdre plus rapidement.

Si l'Executive n'est pas intéressé, ou plus exactement s'il n'est pas aligné avec notre proposition de valeur, autant le savoir tout de suite. Inutile d'engager plusieurs mois d'avant-vente préalablement à une rencontre... pour arriver à la même conclusion.

En réalité, cette approche commerciale impacte directement les trois indicateurs clés de performance (KPI) les plus importants du B to B que sont le *win ratio*, la vitesse du cycle de vente et le volume des deals.

- **Le *win ratio***
  Les Executives choisissent *in fine* le prestataire qui a posé le premier sa vision du changement sur la table... dans 65 % des cas (source Gartner), un chiffre à comparer au *win ratio* moyen, qui est de 20 %. De fait, cette approche du « premier qui parle » permet de mettre en partie hors-jeu les concurrents avant même le départ de la course.

- **La vitesse du cycle de vente**
  Comme nous venons de le voir, la célérité du cycle de vente conduit à une décision rapide, quelle qu'elle soit. Ce qui est la condition de l'optimisation des ressources commerciales.

- **Le volume des deals**
  Les Executives ont le pouvoir de s'engager d'emblée sur des périmètres plus importants. Ils ont également le pouvoir de décider d'un passage à l'échelle après un *Proof of Concept* (POC) concluant, ce qui renvoie à la vitesse du cycle de vente. Engager directement avec « l'impulseur initial – le décisionnaire final » ne présente que des avantages. Depuis des années, tout le monde s'accorde : c'est ce qu'il faut faire. En théorie, du moins... Dans la pratique, c'est plus difficile. Peu d'organisations commerciales sont réellement en ordre de bataille pour exécuter cette stratégie.

L'impasse de la vente par le ROI

Le modèle de vente aux Executives constitue un renversement radical de la logique traditionnelle de vente de valeur.

Pour des raisons historiques que nous avons analysées précédemment, la vente de valeur s'est toujours focalisée sur la justification d'un prix corrélé à la valeur et décorrélé du prix de revient.

La plupart des trainings sur la vente de valeur se focalisent sur l'argumentation liée au retour sur investissement (ROI).

Il s'agit certes d'un point important. Pour autant, ce n'est plus l'élément central pour deux raisons :

- **Cela ne sert à rien d'argumenter sur la valeur auprès de non-décideurs**

C'est une totale perte de temps comme nous l'avons vu dans le deuxième cas de figure, à moins d'avoir préalablement engagé avec l'Executive.

Ce qui devient décisif, c'est la capacité à engager le plus en amont avec le bon niveau de décision, et non la justification du prix. La méthodologie l'emporte sur les éléments de discours.

- **Les *business cases* sont totalement biaisés**

Autant il est possible de monter un *business case* et de calculer une rentabilité à venir sur des sujets bien maîtrisés, sur lesquels on bénéficie d'un historique et de *track records*, ce qui est une définition de la commodité. Autant la même opération est beaucoup plus difficile à mener lorsque l'on parle d'innovation, qui est une caractéristique de la valeur. Par définition, puisqu'il s'agit de sujets sur lesquels on a peu ou pas de retours d'expérience, il est difficile de paramétrer sérieusement toutes les hypothèses.

En particulier, le facteur le plus important dans l'adoption d'une innovation est le facteur humain. Or, les *business cases* font généralement l'impasse sur les potentiels freins humains au changement, qui sont impossibles à quantifier.

Il est d'ailleurs paradoxal de constater que d'une part les entreprises investissent massivement dans les programmes de « *change management* » et font l'impasse sur le facteur humain dans les *business cases*.

Les *business cases* sont les figures imposées du patinage artistique appliquées à la vente de valeur : elles sont aussi ennuyeuses qu'inutiles. Il faut les faire, c'est obligatoire, mais le jeu ne se joue pas sur ce terrain. Les *business cases* relèvent d'un exercice de communication interne qui permet de justifier, vis-à-vis des équipes et des actionnaires, une décision. En aucun cas, ils ne motivent cette décision.

Dans un monde en transformation rapide, le client n'adopte que rarement une nouvelle solution parce qu'elle lui rapporte de l'argent. Le plus souvent, c'est soit pour générer un avantage concurrentiel à court terme, soit pour rattraper le peloton et rester dans la course.

Le véritable *business case* du changement est en réalité simple et brutal : c'est la survie ou la mort. Une entreprise ne change pas parce que c'est rentable. Elle change parce qu'elle n'a pas le choix, parce que si elle ne change pas, elle sort du marché.

Oui, mais vous allez me dire : « On ne peut pas refuser de présenter un *business case* ? »

En effet, si un opérationnel nous demande un *business case*, il faut jouer le jeu et faire l'exercice proprement.
En revanche, si c'est l'Executive, pourquoi ne pas jouer franc-jeu et dire la vérité : « Nous pouvons bien sûr faire l'exercice si vous le souhaitez, mais vous savez comme nous qu'il est biaisé. La vraie question n'est pas de savoir si c'est rentable. La vraie question est : "quelle est l'alternative ?" »
Nous reviendrons en détail sur le traitement de ce type d'objection.

Les coulisses d'une décision : les trois pouvoirs

L'une des sources les plus courantes de confusion lorsque l'on parle de décideurs et d'Executive est de se mettre d'accord sur leur nombre.

Les recherches nous disent qu'il y a en moyenne neuf personnes impliquées dans une décision d'achat d'une solution complexe. Les personnes impliquées sont généralement les suivantes :

- Les opérationnels, c'est-à-dire les personnes impliquées dans la mise en œuvre de la solution.
- Le responsable opérationnel, qui est l'interlocuteur naturel des prestataires consultés.
- Le n+1 du patron des opérationnels, c'est-à-dire l'Executive.
- Les utilisateurs, qui sont parfois distincts des opérationnels.
- Les fonctions support, comme la finance et les achats.

Ce sont les « *decision makers* », c'est-à-dire les personnes contribuent à la « fabrication de la décision », en donnant leur avis au regard de leur domaine d'expertise.

Neuf personnes donnent donc leur avis. Mais qui décide ?

Il y a en réalité trois types de pouvoirs parmi les personnes impliquées (fig. 1.7).

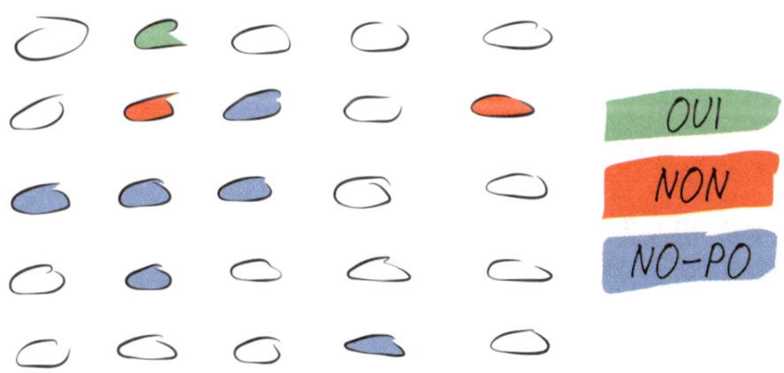

FIGURE 1.7. Les trois pouvoirs

- Les personnes qui n'ont pas de pouvoir ou « *No-Po Zone* » : « *No Power, No Purchase Order* ». On écoute leur avis, on en tient compte, mais aucun n'est décisif. Ils permettent d'influencer le projet, de faire évoluer le cahier des charges, mais n'ont pas le pouvoir ni de valider ni de stopper le projet. Et la nature humaine est ainsi faite que ces personnes, qui n'ont donc pas de pouvoir, vont dépenser une énergie considérable à nous faire croire qu'elles en ont.

Oui, mais allez me dire : « Comment démasquer un opérationnel qui essaie de nous faire croire que c'est lui qui décide ? »

C'est délicat car il convient de ménager les ego et les susceptibilités. Tout est une question de formulation.
Si l'on pose à un chef de projet la question de la manière suivante : « Est-ce que c'est vous qui décidez ? » Que peut-on espérer d'autre qu'un « oui, bien sûr », qui est très loin de la réalité. La formulation de la question le contraint à formuler cette réponse.
En revanche, si la question est : « J'imagine que c'est vous qui pilotez le processus de décision, expliquez-moi comment cela va se passer concrètement ? » Ou, plus directe encore : « Qui allez-vous associer à votre décision ? » nous obtiendrons probablement davantage d'informations.

- Les personnes qui ont le pouvoir de dire « non », c'est-à-dire un droit de veto. Elles sont beaucoup moins nombreuses que les No-Po. On trouve classiquement :
  - le responsable opérationnel (difficile de déployer une solution dont il ne veut pas) ;
  - certaines fonctions support comme le CFO, le CIO ou le responsable de la cyber-sécurité ;
  - et bien sûr l'Executive.

  Mais le pouvoir de bloquer n'est pas pour autant le pouvoir de valider.
- La personne qui a le pouvoir de dire « oui ». Et il n'y en a qu'une. Il s'agit de la personne qui, après avoir écouté soit tous ses interlocuteurs soit aucun, après s'être rangée à l'avis majoritaire ou non, après avoir passé des semaines sur le dossier ou seulement quelques minutes, tranche. Décide. Soit « On y va », soit « on arrête ». C'est celui ou celle qui porte la responsabilité de la décision. **Dans une entreprise, toute décision, quelle qu'elle soit, a un responsable et un seul.** C'est celui ou celle que les Anglo-Saxons appellent le « *decision taker* ». C'est celui ou celle qui sera sous le feu des projecteurs si, la décision s'avérant catastrophique, l'actionnaire demande des comptes. Ou celui ou celle qui sera auréolé(e) de gloire. Et c'est bien cette personne que nous appelons « l'Executive ».

Oui, mais vous allez me dire : « Comment savoir qui est ce fameux "Executive" ? »

Question pertinente, d'autant qu'il n'y a pas de réponse qui fonctionnerait dans 100 % des cas. Pour autant, si l'on est pragmatique, c'est assez simple. L'Executive, c'est d'abord une fonction. Et dans 90 % des cas, c'est le n+1 du responsable opérationnel du sujet. Nous vendons une solution d'externalisation de l'administratif RH ? L'Executive est très certainement le DRH. Une solution de gestion du poste Fournisseur ? L'Executive est très certainement le DAF ou le CFO. Une autre manière de répondre est de considérer que c'est le « patron » commun à l'ensemble des personnes impliquées, hors fonctions support.
Ensuite, il faut mettre un nom sur cette fonction. Et là, l'avantage est que plus on monte dans un organigramme, plus il est facile d'identifier l'Executive par une simple recherche en ligne.

Comprendre les Executives

Les Executives doivent devenir nos interlocuteurs privilégiés. Dès lors, il est crucial de comprendre qui ils sont, comment ils fonctionnent et ce qu'ils attendent éventuellement de nous.

Executive, mode d'emploi

Débutons avec une bonne nouvelle : les Executives sont des êtres humains. Ils sont faits de chair et d'os et ne sont pas nés « Executives », directement sortis de la cuisse de Jupiter.

Tout comme nous, ils sont aussi victimes du « syndrome de l'imposteur ». Il est fort probable que, le jour où ils ont appris leur nomination, ils se soient posé des questions sur leur légitimité, comme « suis-je à la hauteur ? » ou « mais ont-ils conscience de ce qu'ils font ? »

Le manque de confiance en soi est une caractéristique commune à la très grande majorité des êtres humains. L'âge et l'expérience permettent simplement de donner le change et d'afficher une confiance apparente. Mais ne soyons pas dupes.

Pour autant, les Executives ont clairement des points communs dans leur manière de fonctionner.

- **Ils ont un ego au-dessus de la moyenne**

On pourrait penser que c'est antinomique avec le manque de confiance en soi. Au contraire, il s'agit d'un symptôme : besoin de se rassurer à travers le regard de l'autre.

Ce besoin de reconnaissance se traduit souvent par l'envie de parler de soi. Certains Executives sont extrêmement bavards... une fois lancés. Et il est quand même normal qu'un chef d'entreprise par exemple, après 30 ans de travail acharné, de succès et d'échecs, éprouve une certaine fierté à partager son parcours.

Cela se traduit aussi par le besoin d'affirmer son pouvoir.

Les signes ostentatoires classiques, comme la taille du bureau ou la catégorie de la voiture, même s'ils semblent dater des années 1980, ont la peau dure, du moins chez certain(e)s.

Le pouvoir, c'est aussi celui de faire attendre son interlocuteur ou de prendre l'entretien en main pour en imposer le déroulement.

Combien de temps attendre si l'Executive est en retard au RV ?

Maximum 30 minutes, et en se rappelant au bon souvenir de l'accueil au moins deux fois dans l'intervalle. Y compris si l'on n'a pas de contrainte horaire. Le message est : « Mon temps est précieux ».
Le fait que notre interlocuteur soit un Executive ne change absolument rien.
Bon, si on a fait 12 heures d'avion ou s'il s'agit d'un membre du Codir d'une société du CAC 40, on peut peut-être attendre quelques minutes supplémentaires...

Ego ne signifie pas pour autant que les Executives ne sont pas bienveillants, bien au contraire. Surtout pour un premier rendez-vous, ils n'ont aucune raison d'être agressifs ou désagréables. À une condition : qu'ils n'aient pas l'impression de perdre leur temps.

- **Le temps est leur ressource la plus précieuse**

Un jour, un directeur général m'a dit : « C'est beaucoup plus simple de vous trouver 50 000 euros qu'une heure dans mon agenda ! » (J'avoue que j'ai hésité à lui glisser mon RIB personnel...).

Plus que jamais, les cadres de haut niveau ont des agendas surchargés. Le développement du télétravail a encore renforcé ce phénomène. En « mode distanciel », les réunions s'enchaînent « *back-to-back* » et les temps de « socialisation » sont réduits à la portion congrue.

Compte tenu de cette pression du temps, voilà ce que se dit un Executive en débutant un rendez-vous, que ce soit avec un collaborateur ou avec un prestataire : « Expliquez-moi votre sujet sans tourner autour du pot, dites-moi ce que vous attendez de moi, préparez les options, soyez clairs sur les risques et donnez-moi les informations nécessaires pour décider, et tout cela sans perdre de temps. »

Il y a 10 ans, un premier rendez-vous idéal avec un Executive, c'était 90 minutes. Il y a 3 ans, c'était une heure. Aujourd'hui, et en particulier en distanciel, c'est généralement 30 minutes. Parfois même 15, c'est-à-dire le temps d'un échange rapide pour comprendre de quoi il s'agit et de décider d'approfondir, si nécessaire, à l'occasion d'un rendez-vous plus long.

Est-ce suffisant ? Oui, et nous verrons pourquoi. C'est en tout cas suffisant, du point de vue de l'Executive, pour décider s'il veut approfondir ou pas. Et c'est bien son point de vue qui compte.

Steve Hall, la référence en matière de vente aux Executives en Australie, nous dit : « Le Graal du commercial B to B, c'est d'avoir pendant 20 minutes l'attention ininterrompue du décideur final au sein du prospect idéal. »

- **Leur job, c'est de décider**

C'est d'ailleurs la raison pour laquelle on se donne tant de mal à rencontrer les Executives.

Ils passent la majeure partie de leur temps à prendre des décisions et à rendre des arbitrages sur des projets, des initiatives, des dépenses, des investissements, des réorganisations, des recrutements, des promotions, des licenciements.

Et ces décisions peuvent se résumer à trois options :

- je décide que « oui », et j'en assume de fait la responsabilité ;
- je décide que « non », et j'en assume de fait la responsabilité ;
- je décide « de ne pas décider », car je considère que les conditions d'une bonne décision ne sont pas réunies, soit par manque d'information, soit en raison d'un contexte trop instable.

Il faut également garder à l'esprit qu'une décision n'est pas réellement prise tant qu'elle n'est pas communiquée. Tant que ce n'est pas le cas, le décideur a la possibilité de revenir sur sa décision, sans que cela ne lui coûte rien en termes de crédibilité.

Pour autant, l'Executive ne nous intéresse pas seulement au titre de « décideur final ». Il nous intéresse en premier lieu au titre d'« impulseur initial ».

La toute première décision que l'on attend de sa part, à la fin du premier rendez-vous, sera celle de libérer de la bande passante, à son niveau et/ou au niveau de ses équipes, pour explorer le sujet et engager la réflexion qui conduire, quelques semaines ou quelques mois plus tard, à une réponse définitive.

Les *drivers* de l'Executive

Si les Executives décident, il est important de comprendre ce qui motive leurs décisions : les *drivers*.

Comme on peut le voir dans le tableau plus bas, les deux premières catégories sont liées à la feuille de route de l'entreprise : performance des opérations et résultats financiers. Les deux étant évidemment fortement liés.

On pourrait logiquement penser que chaque Executive a une catégorie de *driver* privilégiée en lien avec sa fonction : le DRH avec les collaborateurs, le *Chief Technology Officer* (CTO) avec l'innovation, le *Chief Operating Officer* (COO) avec les process, le *Chief Financial Officer* (CFO) avec les coûts. Pas si simple en réalité : un CTO peut aussi être drivé par la pénurie des talents et un CFO par l'amélioration des process.

Ces deux catégories de *drivers* ont également l'avantage d'être pilotables par des indicateurs ou KPI. Il est même probable qu'une part non négligeable de la rémunération variable de notre Executive soit indexée sur des KPI liés à son principal *driver* (fig. 1.8).

Performance	Financier	Personnel
Personnes	Revenu	Sécurité
Process	Coûts	Réputation
Innovation	Risques	Fit
Scalabilité		

KPI

FIGURE 1.8. *Drivers* et KPI

Si l'on prend un peu de recul face à ces *drivers*, on constate qu'ils sont liés à un dénominateur commun : **la vitesse de la transformation digitale de l'entreprise est aujourd'hui l'obsession des PDG et des actionnaires.** C'est la préoccupation numéro 1 de quasiment toutes les entreprises (hormis les « *digital natives* » qui sont nés dans le monde digital).

Les crises mondiales qui se succèdent depuis 2019 n'ont pas fondamentalement changé cette feuille de route, mais y ont apporté deux éléments complémentaires :

- la nécessité d'aller encore plus vite que prévu ;
- dans un contexte d'incertitude économique à court terme.

Mais les *drivers* en lien avec la feuille de route de l'entreprise ne suffisent pas à expliquer les décisions, ou l'absence de décision, des Executives.

Chaque Executive a également sa propre feuille de route et ses *drivers* personnels.

- Le « **fit** » avec une solution, une entreprise, une équipe. Et donc l'envie de travailler ensemble. L'envie de faire partie de l'aventure. L'adhésion à ce que Simon Sinek, dans *Trouver son pourquoi* (Pearson, 2018), nomme le « *Why* ».
- La **réputation**, c'est-à-dire l'image de leader par exemple que l'on veut se construire au sein de son entreprise ou sur le marché en adoptant des solutions innovantes.
- La **sécurité**, c'est-à-dire le risque personnel minimum. Le fait qu'on ne pourra jamais lui reprocher d'avoir choisi cette solution ou ce prestataire. Le fait de ne pas décider et de ne pas prendre de risque sur un sujet qui n'a rien d'urgent.

De tous ces *drivers*, le plus fort est incontestablement celui de la sécurité. La première motivation de tout être humain est l'évitement du danger... et, comme nous l'avons vu, l'Executive est un être humain.

C'est pour cette raison que **le statu quo est presque toujours notre premier concurrent. Ne rien faire est pour l'Executive presque toujours l'option la moins risquée à court terme.** Même si la pression des actionnaires sur l'accélération de la transformation rend cette option de moins en moins tenable.

C'est également pour cette raison qu'il existe sur la plupart des marchés B to B une prime au leader. Le leader a souvent une solution qui est à la fois la plus chère et pas nécessairement la meilleure, ou du moins pas la plus innovante. C'est pourtant celle-ci qui est retenue.

Au moment de la décision finale, entre la solution très innovante d'une start-up, qui offre peu d'historique et qui pourrait même disparaître à court terme, et une solution classique mais robuste et déjà utilisée par la plupart des concurrents, l'Executive choisit la seconde option pour une raison simple : on ne pourra jamais le lui reprocher.

Le mode de décision des Executives

Les Executives prennent donc leurs décisions en fonction de leur feuille de route et de leur agenda personnel. Mais ces décisions sont également « fabriquées » en collaboration avec d'autres, et en particulier par leurs équipes.

Lorsque les préconisations des opérationnels sont alignées avec le *driver* de l'Executive, les choses sont simples et les décisions sont évidentes puisque tout le monde est d'accord.

Mais qu'en est-il lorsque ce n'est pas le cas ?

Tout décideur sait que l'un des principaux enjeux d'une décision réside dans son exécution. Une bonne décision mal exécutée devient une mauvaise décision. Il y a donc un intérêt à se rallier à l'avis des opérationnels, au nom de l'exécution.

Mais si l'avis des opérationnels ne va pas dans le sens de la feuille de route ? Doit-on aller contre leur avis, au nom de cette feuille de route ?

Décision par consensus ou décision par autorité ? Dilemme.

En réalité, tout dépend du sujet.

S'il n'y a pas d'enjeu fort, le décideur fait primer la qualité de l'exécution. Pourquoi se battre sur la couleur de la moquette ? Il voulait du rouge, tout le monde veut du bleu... donc va pour le bleu.

En revanche, face à un enjeu stratégique (fig. 1.9), la main du décideur ne devrait pas trembler. Le mode « top-down » prime, au nom de l'intérêt final de l'entreprise, des actionnaires et des collaborateurs.

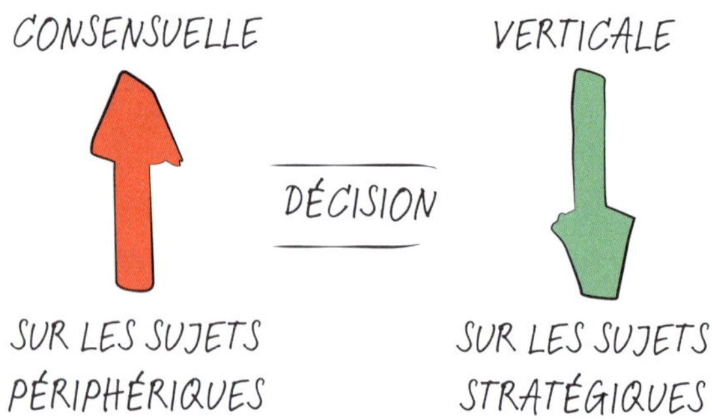

FIGURE 1.9. Typologie des décisions

Mais dans ce cas de figure, *quid* de l'exécution ?

L'enjeu d'exécution peut conduire à changer ceux qui en auront la charge. J'appelle cela « aligner le casting sur la stratégie ». Les années passées en offrent une parfaite illustration.

Au début des années 2010, la plupart des entreprises ont mis leur transformation digitale à l'ordre du jour. Une réponse classique fut de nommer un *Chief Digital Officer* (CDO) et de lancer de nombreuses initiatives dans différents domaines.

Mais ce CDO, sans budget ni autorité, voyait ses efforts sapés en sous-main par le CIO (ou DSI), responsable du « *legacy* ». Les initiatives accouchaient de souris. Les membres du Codir étaient officiellement « moteurs » et convaincus de la nécessité de changer. Dans les faits, ils avaient fait leur carrière avec un mode de fonctionnement et un état d'esprit dont il était bien difficile de se départir.

Bref, les années passent sans réelle transformation digitale.

C'est alors que vers 2015-2017, les actionnaires ont commencé à s'impatienter et à mettre la pression. Le PDG est débarqué, un nouveau arrive. Il regarde, écoute, observe pendant 6 mois pour comprendre.

Et sa première décision est de renouveler la moitié du Codir et de faire venir son équipe. Le casting étant désormais aligné sur la stratégie, les décisions vont enfin être exécutées... et tout s'accélère.

La nature du sujet est donc déterminante dans le mode de prise de décision, ce qui nous renvoie très concrètement à l'opposition entre commodité et valeur.

La vente de valeur étant, comme nous l'avons vu, de la vente de changement, le changement étant lié à l'innovation, l'innovation à la transformation des entreprises et à leur position compétitive... tout cela nous situe naturellement dans le champ d'une décision « top-down ».

Ce qui signifie que l'un des enjeux commerciaux est d'aider l'Executive à faire le lien entre notre solution et son « impact business », afin de justifier une décision « top-down ».

On peut faire cette démonstration de manière positive, mais elle est encore plus puissante par contraste, de manière négative : si vous ne faites rien, vous n'allez générer aucun impact sur tel sujet qui est un élément déterminant dans votre feuille de route.

Il s'agit en réalité d'affronter frontalement notre premier concurrent : le statu quo.

Le changement débute lorsque la douleur de ne pas changer devient supérieure à la douleur de changer. Ce qui signifie que **vendre de la valeur, c'est mettre en scène la douleur à ne pas changer.**

Un premier rendez-vous fondateur

Quelles sont les attentes concrètes d'un Executive dans le cadre d'un premier rendez-vous avec un prestataire potentiel ?

Ces attentes relèvent à la fois du fond et de la forme :

- **Dites-moi quelque chose que je ne sais pas**

Nous l'avons vu, le job des Executives est de prendre des décisions. Et la matière première dont ils ont besoin pour cela est l'information.

Un décideur est normalement curieux par nature. Certains vont assister chaque année au CES, grand show des innovations technologiques à Las Vegas, pour sentir le sens de l'histoire. La plupart lisent les livres blancs sur les grandes tendances marketing par les grands acteurs du conseil.

Leur hantise : passer à côté de quelque chose.

Leurs collaborateurs sont également une source d'information, mais les Executives ont conscience des biais :

- les collaborateurs ont le nez dans le guidon et dans la technicité de leur domaine de compétences, ce ne sont pas toujours les mieux placés pour voir arriver un changement de logique ;
- les collaborateurs voient dans certaines nouvelles logiques, en particulier l'externalisation, un risque personnel évident. Ils deviennent donc juges et parties ;
- les collaborateurs ont du mal à remettre en cause des pratiques qu'ils ont eux-mêmes déployées ou soutenues, craignant d'être tenus pour responsables de la faible performance de ces dernières ;
- les collaborateurs disent parfois à leur patron non pas ce qu'ils pensent mais ce qu'ils pensent que leur patron a envie d'entendre.

Par conséquent, un premier rendez-vous avec un prestataire revient à une sorte de « *benchmark* gratuit » : comment ces gens, dont c'est le sujet puisque c'est leur business à 100 %, voient-ils les choses ?

Cela signifie que les Executives ont beaucoup plus envie d'écouter que de parler. Au moins au début de l'entretien. Et ce n'est pas sans conséquences comme nous le verrons sur la manière de conduire l'entretien.

- **Parlez-moi de mon business**

La valeur, ce n'est pas ce que l'on fait, c'est ce que le client va pouvoir faire avec ce que l'on fait.

Autrement dit, ce que vous faites ne m'intéresse pas. La manière dont vous le faites ne m'intéresse pas. Ce qui m'intéresse, c'est pourquoi je dois changer de logique et en quoi cela peut potentiellement impacter mon business, ma feuille de route et mes intérêts personnels. Ce qui nous renvoie à la problématique du « pourquoi changer » analysée précédemment.

On comprend bien que les présentations classiques de la solution, et pire les fameuses « démos », n'ont pas leur place dans un tel rendez-vous.

- **Je veux une conversation, pas une présentation**

L'Executive ne veut plus d'un commercial qui va ouvrir son ordinateur et lui présenter des slides qu'il aura fini de lire alors qu'il sera encore en train de commenter la première ligne. Son temps est trop précieux.

Une conversation, cela veut dire quelqu'un qui tient un raisonnement clair et simple en le regardant dans les yeux. Qui répondra à ses questions. Qui l'aidera à s'en poser d'autres. Qui lui permettra d'avancer dans sa réflexion.

Dans ce contexte, **les présentations PowerPoint sont devenues les « tue-l'amour » de la vente.** Elles empêchent la conversation alors que l'objectif est de la susciter.

Chapitre 2

Redéfinir le processus commercial

Il vaut mieux parler au bon Dieu qu'à ses saints.

PROVERBE FRANÇAIS

Simplifier le modèle de vente

Les commerciaux sont une espèce pragmatique et paresseuse.

Leur seul objectif est d'obtenir un maximum de résultats en fournissant le minimum d'efforts. Toute activité qui n'est pas rentable ou tout raisonnement qui est trop compliqué sont promptement écartés.

Les pratiques commerciales cherchent depuis plusieurs décennies à se professionnaliser et à s'industrialiser. La mise en place de processus et de méthodologies permet de ne pas dépendre du seul talent individuel et de répliquer le succès.

Dans ce contexte, la mise en place de CRM au cours des années passées représente une avancée majeure.

Dans un premier temps, le combat a été rude. Le CRM fut d'abord perçu comme l'instrument de la prise de pouvoir des directions financières sur les directions commerciales. Les premières ont le devoir et le fantasme de tout prévoir et voient d'un assez mauvais œil le fait que la vente ne soit pas une science exacte. À tel point que le respect des « *forecasts* » est devenu un objectif en tant que tel : un directeur commercial qui va « atterrir » à 108 % de son objectif se fait presque autant blâmer que s'il finit à 92 %. Toute bonne pratique a ses dérives ! Les commerciaux, à leur niveau, y voyaient quant à eux une tâche chronophage sans grande valeur ajoutée.

Les choses ont changé. Désormais, la quasi-totalité des entreprises en sont équipées et les commerciaux le renseignent avec sérieux : nom et rôle du contact, date de l'interaction, informations clés, etc.

Il s'avère en effet que l'usage d'un CRM est un formidable outil de pilotage du *pipe*.

Oui, mais vous allez me dire : « C'est quoi ce jargon franglais de la vente ? »

Je suis un amoureux de la langue de Molière, mais le constat est que le monde des affaires est de plus en plus international ; on y parle donc anglais.

Ce constat est particulièrement probant dans l'univers commercial B to B. D'abord, une part importante des acteurs leaders sont des sociétés américaines, dans lesquelles tous les mails et toutes les présentations sont en anglais. Dans les sociétés françaises, le mouvement s'étend, soit parce que les managers viennent d'entreprises américaines, soit parce que les activités internationales se développent.
À l'arrivée, si je dis « Il faut que tu nettoies ton *pipe* et que tu *updates* ton *forescast* sur la base de tes meetings Execs effectifs, avec un *ranking* CEO *vs* CIO », je sais que tous les professionnels du B to B comprennent. Si je dis « Il faut que tu mettes à jour ton portefeuille de prospects et que tu actualises tes prévisions de vente au regard des rendez-vous que tu as eus avec des décideurs finaux, en différenciant les PDG des directeurs des systèmes d'information », je sais qu'ils me comprennent aussi, mais qu'ils vont me prendre pour un extraterrestre.

La force d'une méthodologie commerciale

Un CRM permet de découper le cycle de vente selon des étapes qui sont toujours les mêmes, et pour chacune d'entre elles :

- d'associer un ensemble d'interactions commerciales ;
- d'attribuer un pourcentage de chances de signature ;
- d'estimer un délai avant cette signature.

On obtient ainsi mécaniquement un chiffre d'affaires prévisionnel sur, par exemple, 12 ou 24 mois. Pratique.

De plus, lorsque le volume de données est suffisant, un CRM dopé à l'intelligence artificielle (IA) permet désormais de suggérer des références client, des interactions pertinentes ou encore un *pricing* cohérent avec d'autres modèles d'affaires Malin.

Un CRM moderne permet également de visualiser en un coup d'œil :

- les déficits, les stagnations ou les surplus d'affaires ;
- la vélocité moyenne à chaque étape de la vente ;
- le montant du deal moyen par secteur d'activité, par pays, par *business unit* ou par commercial.

Ces prédictions CRM permettront par exemple d'anticiper un déficit de signatures dans quelques mois ou, à l'inverse, un engorgement de la production ou de la logistique. Indispensable.

L'« *analytics* » invitera également à travailler sur la vélocité de chaque étape de vente et sur l'évolution du deal moyen par compte et par commercial. Utile.

Si l'on prend à présent du recul, l'un des effets induits par la mise en place des CRM a été de clarifier les processus de vente et de mettre en place, dans chaque entreprise, une méthodologie de vente « officielle » dont le CRM est le reflet.

Or une méthodologie, quelle qu'elle soit, a un effet structurant. Elle permet d'aligner tout le monde sur une pratique commune. C'est particulièrement important dans le domaine commercial, où chacun a une tendance naturelle à jouer une partition personnelle.

De récentes études indiquent que l'existence d'une stratégie commerciale claire compte pour 31 % dans le succès des organisations commerciales les plus performantes (Miller et Heiman, 2019).

Pour autant, la mise en place des CRM s'est principalement concentrée sur le déploiement des outils et leur adoption par les commerciaux. Sans interroger le process lui-même.

Conséquence : **la plupart des opérateurs du B to B ont digitalisé, dans le CRM, leur processus de vente historique** (fig. 2.1).

FIGURE 2.1. Phases du processus de vente générique

Problème : ce dispositif est adapté à un processus de vente de commodités mais pas à la vente de valeur telle que nous l'avons définie. En effet, il fait totalement l'impasse sur le niveau de contact et d'engagement dans l'organigramme du client.

Il conduit notamment à vouloir produire rapidement une proposition commerciale, ce qui donne l'impression d'avancer dans le processus, quand bien même nous n'aurions rencontré que des non-décideurs.

Oui, mais vous allez me dire : « Plus on multiplie les rendez-vous, mieux c'est ! »

C'est effectivement une croyance qui vient de la vente de commodités. On indexe la performance commerciale à venir sur l'activité commerciale actuelle. L'activité étant non seulement les rendez-vous, mais l'ensemble des interactions : appels, mails, interactions sur les réseaux sociaux, etc.

Le risque est de perdre de vue le plus important, l'engagement avec le bon niveau de décision. On entretient l'illusion d'avancer dans le processus de vente sans comprendre que le client, lui, n'avance pas dans son processus de décision. Trivialement, « on brasse de l'air ».
Ce désalignement entre la manière dont nous vendons et la manière dont le client décide, est l'une des erreurs les plus communes en vente de valeur.
Une solution consiste, par exemple, à utiliser le CRM pour obliger à renseigner les conclusions d'un rendez-vous Executive très en amont dans le processus commercial.

En conclusion, le risque d'un CRM est de mettre en place des outils de pilotage d'un processus qui n'est pas le bon. Il est indispensable de réfléchir en amont au processus commercial lui-même.

La méthode Executive Selling

L'appellation « Executive Selling » est un raccourci; nous devrions dire, dans un anglais plus précis, « Executive-level selling ».

Cette méthode tient en un seul principe : driver les deals top-down.

Ce qui veut dire : **engager systématiquement le plus en amont possible avec l'Executive « impulseur initial – décisionnaire final », puis aligner les opérationnels.**

La première force de cette approche est sa simplicité.

C'est fondamentalement du bon sens, et nos grands-mères ne disaient pas autre chose en employant l'adage « Il vaut mieux parler au bon Dieu qu'à ses saints. »

La seconde force de cette approche est sa cohérence avec le processus d'achat de valeur préalablement décrit (fig. 2.2).

FIGURE 2.2. Processus décisionnel

Si l'on rentre dans le détail des étapes du processus de vente, les phases sont les suivantes (fig. 2.3) :

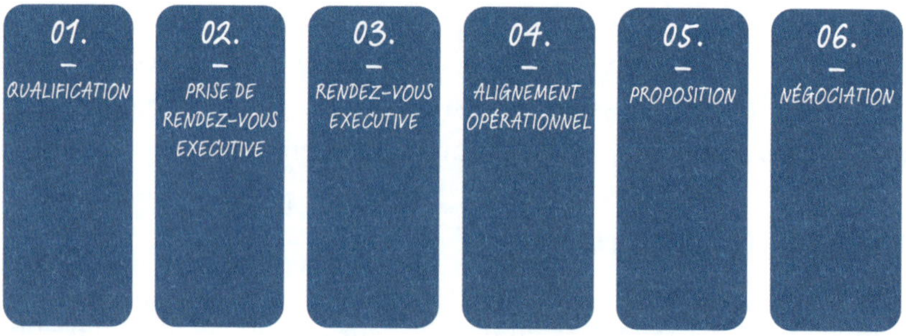

FIGURE 2.3. Phases du processus de vente aux Executives

L'un des changements les plus évidents avec l'ancienne méthode consiste à retarder considérablement la remise de la proposition commerciale. Celle-ci n'intervient qu'à l'issue de deux étapes successives :

1. Un alignement avec l'Executive.
2. Un alignement avec les opérationnels, qui se traduit par une coconstruction de la proposition d'intervention ou une adaptation de son périmètre.

Cette méthodologie oblige à changer de logique en matière de timing.

La tentation commerciale est toujours de vouloir aller vite. C'est bien ce qui conduit aujourd'hui à remettre une proposition commerciale le plus tôt possible et à se concentrer sur les opérationnels.

Et l'on remet ainsi les vraies questions à plus tard :

- Notre proposition de valeur est-elle alignée avec la feuille de route de l'Executive ?
- Est-ce une priorité ?
- Existe-t-il un budget ?

Malheureusement, ces questions ne manqueront pas de se poser à un moment ou à un autre, donc à la fin, puisque nous avons tout fait pour les éviter au début.

Pour autant, la conséquence sera exactement la même en cas de désaccord : pas d'alignement sur le fond, pas de valeur suffisante pour le client, donc pas prioritaire, pas de budget, et pas de deal.

Résultat identique donc, mais après avoir dépensé du temps, des ressources et de l'énergie.

Puisque nous n'éviterons pas ces sujets, la cohérence voudrait que l'on démarre par eux, pour des raisons d'économies et de bon sens. Et c'est bien la logique Executive Selling : commençons par le plus décisif, à savoir l'engagement et l'alignement avec l'Executive.

Le temps investi en amont sera largement compensé par un alignement des planètes qui permettra, dans la suite du deal, d'aller beaucoup plus vite (fig. 2.4).

FIGURE 2.4. Cycle de vente

Conclusion : **il vaut mieux aller lentement dans la bonne direction que vite dans la mauvaise.**

Oui, mais vous allez me dire : « C'est quand même dommage de prendre le risque de perdre le deal dès le début ! »

Réaction logique : notre plus grande peur étant de perdre le deal, nous faisons tout pour repousser cette éventuelle échéance.
En réalité, l'approche Executive Selling ne changera rien à la dure réalité commerciale : nous allons continuer à gagner des deals... et à en perdre, en fonction notamment de l'alignement de notre proposition de valeur avec la feuille de route de l'Executive.
Perdre des deals n'est en réalité pas si grave. À une condition : les perdre vite. Or les opérationnels ont un grand talent pour nous les faire perdre lentement. Chaque deal perdu dès le début du cycle de vente avec un Executive est certes une mauvaise nouvelle, mais également une opportunité de passer beaucoup plus vite au suivant.

Un benchmark avec les autres méthodes de vente

La méthode Executive Selling s'est construite de manière empirique à partir de 2014.

Mon expérience professionnelle m'a donné l'opportunité de déployer d'autres méthodes chez mes employeurs et d'en observer d'autres encore chez mes clients. Ce qui m'a conduit à tenter d'utiliser le meilleur de chacune, tout en conservant l'axe structurant de l'approche Executive Selling : faire de l'engagement avec l'Executive le point central de la démarche.

Chacun voit bien sût midi à sa porte. Je n'ai pas la prétention d'affirmer que la méthode Executive Selling est supérieure aux autres. Elle est peut-être plus adaptée, aujourd'hui, dans certains contextes et pas dans d'autres. Avant d'être balayée certainement dans quelques années par une nouvelle approche.

J'ai acquis la conviction que des modèles variés peuvent être compatibles et coexister. Il s'agit souvent de regards croisés sur une même réalité, qui partent de points de vue différents.

La vraie question n'est donc pas tant celle de la supériorité théorique d'un point de vue sur un autre, que son caractère opérationnel, qui est primordial pour un praticien de la vente.

Voici donc mon regard sur les méthodes commerciales les plus utilisées aujourd'hui en B to B, par ordre de compatibilité.

- **The Challenger Sale**

Tremblement de terre au début des années 2010 : sur la base d'une étude très approfondie, Matthew Dison et Brent Adamson révèlent que les commerciaux les plus performants en vente complexe ne sont pas ceux qui nouent les meilleures relations avec leurs interlocuteurs... mais ceux qui les challengent le plus.

De cette étude naît une approche qui repose avant tout sur un profil de commerciaux et un *mindset* dit de « challenger ».

Approche très hautement compatible avec la méthode Executive Selling. Je constate que plusieurs entreprises, après avoir « infusé » dans l'approche « Challenger », déploient ensuite Executive Selling avec l'objectif d'aller beaucoup plus loin sur le plan concret et opérationnel.

- **MEDDIC**

Développée chez PTC par Jack Napoli et Dick Dunkel dans les années 1990, c'est la bible commerciale de tous ceux qui ont travaillé un jour dans l'industrie du PLM (*Product Life Management*), jadis appelée « CAO » (conception assistée par ordinateur).

L'acronyme MEDDIC est une check-list qui permet de s'assurer d'avoir coché toutes les cases indispensables au pilotage d'un deal complexe : *Metrics/Economic buyer/Decision criteria/Decision process/Identify pain/Champion.*

La notion de « *Champion* » s'est d'ailleurs généralisée bien au-delà de l'application stricte du MEDDIC : le fait d'avoir, dans l'organisation du prospect, quelqu'un qui soutient notre initiative et nous informe est décisif.

Cette approche est de fait très hautement compatible avec l'Executive Selling. Le fait d'engager directement avec le décideur final, qui est aussi l'*Economic buyer*, et d'en faire son *Champion*, permet d'adresser d'un seul coup la totalité des six sujets.

- **Strategic Selling**

La célèbre méthode développée en 1985 par Robert Miller et Stephen Heiman, anciens d'IBM, est certainement la plus répandue dans l'univers de la vente complexe. J'ai personnellement eu l'occasion de superviser plusieurs centaines de « Blue Sheets », cet outil de cartographie d'un deal qui est au centre de la méthode.

Son principal intérêt est d'obliger à prendre du recul et de se poser un certain nombre de bonnes questions.

D'expérience, la conclusion de 90 % des « Blue Sheets » est que le commercial a rassemblé à peu près toutes les informations importantes et rencontré toutes les personnes à rencontrer, à une exception près : l'Executive.

Ce trou dans la raquette est presque systématique. C'est d'ailleurs sur la base de ce constat que les prémices de la méthode Executive Selling ont émergé.

- **Value Selling**

Conçue au début des années 1990 pour répondre spécifiquement aux enjeux de la vente de valeur, cette approche se concentre assez logiquement sur les enjeux du sujet à l'époque : la démonstration du retour sur investissement et, plus globalement, le discours commercial.

Cette méthode fait donc l'impasse sur un enjeu apparu bien plus récemment et qui est le sujet de ce livre : l'engagement avec les véritables décideurs.

- **Spin Selling (ou Consultative Selling)**

Héritée du modèle PSS de Xerox (1973) et développée en 1988 par Neil Rackham, la méthode SPIN est un acronyme qui désigne les sujets que la conversation commerciale doit adresser : *Situation, Problem, Implication, Need pay-off*.

Pour la première fois apparaît l'idée qu'un vendeur ne doit pas seulement argumenter mais également poser des questions, à l'instar d'un consultant. Centrée sur l'art du questionnement et la phase de découverte des besoins, cette méthode s'inscrit dans une logique de vente de solution, avec une structure « problème / solution ».

Elle évoluera pour donner naissance en 2000 à la méthode « *Solution Selling* », puis plus récemment à « *Conceptual Selling* ».

Si ses principes sont universels et doivent être maîtrisés quel que soit le contexte, elle n'adresse pas les enjeux spécifiques de la vente de valeur.

- **The Predictable Revenue**

Très en vogue dans l'univers du SaaS, cette méthode a été développée en 2012 notamment par un ancien directeur commercial de Salesforce. Pour les créateurs de start-up, souvent plus aguerris aux technologies qu'aux pratiques commerciales, c'est souvent la référence.

L'idée est de découper le tunnel de vente et l'organisation commerciale en trois segments : la génération de leads avec les SDR (*Sales Development Representatives*), la signature des contrats avec les commerciaux et, enfin, le revenu récurrent avec les CSM (*Custumer Success Managers*).

On crée ainsi une « machine commerciale » (un rêve d'ingénieur...) avec une corrélation entre les *leads* générés à l'entrée et l'*Annual Recurring Revenue* (ARR) (revenu récurrent) à la sortie. Donc une forte prévisibilité du revenu, ce qui est un enjeu encore plus fort qu'ailleurs dans l'univers du SaaS : les fonds d'investissement ont très envie de savoir à partir de quand ils vont commencer à gagner de l'argent...

Ce modèle est volumétrique : il est très adapté à la vente de commodités, ou à la vente de valeur à faible panier moyen, ou encore à la vente aux PME lorsque l'Executive et l'opérationnel sont la même personne.

Dès lors que l'on parle de vente de valeur avec des paniers moyens plus significatifs dans des entreprises plus importantes, le modèle se heurte à un mur : les SDR ne sont pas en mesure de prendre des rendez-vous avec des Executives. C'est probablement ce qui explique la difficulté d'un certain nombre de start-up/scale-up à passer du « *mid-market* » au marché « *enterprise* » dans le cadre de leur croissance.

- **Customer Centric Selling**

Développée en 1993 par Mike Bosworth, encore un ancien de Xerox, elle constitue probablement l'approche la plus complète en matière de vente de valeur, puisqu'elle adresse à la fois la méthodologie commerciale, le discours commercial, les pratiques, le *mindset*...

Sans pour autant adresser de manière spécifique « l'enjeu Executive ».

Il s'agit d'une méthode exhaustive et, de ce fait, relativement complexe à mettre en œuvre.

Se structurer autour de l'engagement avec les Executives

La notion « d'engagement » avec l'Executive est le point central de la méthode Executive Selling. Par « engagement », on entend la prise de rendez-vous et le rendez-vous lui-même. Ce rendez-vous doit impérativement intervenir le plus tôt possible dans la démarche, et non comme c'est parfois le cas le jour de la soutenance, c'est-à-dire en fin de process quand les dés sont souvent déjà jetés.

Nous sommes donc face à deux cas de figure :

- Dans le cadre d'une consultation, le premier contact est généralement initié par un chef de projet, qu'il est évidemment difficile de ne pas rencontrer dans un premier temps. L'enjeu est ensuite de « remonter » à l'Executive le plus rapidement possible. Comme nous le verrons, un savant dosage de pédagogie... et de pression est requis.
- Dans le cas de la prospection d'un nouveau compte, les choses sont finalement plus simples : il n'y a aucune raison de ne pas engager directement avec l'Executive.

Oui, mais vous allez me dire : « Les choses ne sont-elles pas fondamentalement différentes en "base client" ? »

Le contexte est différent et l'approche... strictement identique.

Rien ne change quant au fait que c'est bien l'Executive qui donne les impulsions initiales et qui prend les décisions finales sur les sujets importants.

La difficulté spécifique à la base client, c'est que l'on est tiré vers le bas par les opérationnels. La relation client nous conduit à nouer avec eux des relations régulières et privilégiées.

On constate parfois une sorte de « syndrome de Stockholm » de la vente : nous devenons l'otage des opérationnels que nous ne voulons surtout pas froisser, et nous n'osons alors pas leur demander d'accéder à leur patron. Nous pratiquons l'autocensure et ne savons même pas s'ils auraient accepté ou non d'organiser ce rendez-vous.

Et pendant ce temps, notre concurrent, qui n'a pas nos scrupules, est dans le bureau de l'Executive, en train de discuter avec lui de sa feuille de route de l'année prochaine... dont nous ignorons tout.

Jusqu'au jour où notre contact opérationnel nous annonce, avec un air un peu embarrassé, qu'une consultation est ouverte.

Le client est déjà perdu et nous ne sommes au courant de rien. Cela valait-il la peine d'avoir peur de froisser les opérationnels ?

On pourrait penser que rencontrer l'Executive avant les opérationnels est souhaitable mais ne change pas fondamentalement les choses. Que cette inversion des étapes est une coquetterie sans impact majeur.

Or, comme nous allons le voir, c'est tout le contraire : **faire de l'accès à l'Executive le point de départ du process change radicalement la manière dont nous allons pouvoir aborder les étapes suivantes.**

L'impact de la rencontre sur la conduite du deal

Concrètement, le simple fait d'avoir rencontré l'Executive dès le début limite la pression des acheteurs, nous indique comment nous positionner sur le deal, nous donne du pouvoir pour créer un consensus avec les opérationnels, et nous permet de décider si nous devons tout simplement nous aligner au départ de la course.

- **Un critère de « Go/No-Go »**

La décision de répondre ou non à une consultation est sans doute l'une des plus difficiles à prendre dans le domaine commercial.

Elle est généralement prise conjointement par des équipes qui poursuivent des objectifs souvent contradictoires : l'équipe commerciale, qui a des objectifs de revenu, est tentée de répondre au maximum de consultations, et les opérations, qui ont des objectifs de marge, sont tentées d'être beaucoup plus sélectives.

Afin de rationaliser la prise de décision, les entreprises ont mis en place des critères, que l'on peut généralement regrouper en trois rubriques :

- **Le deal est-il désirable ?** Rentrent ici en ligne de compte la taille du deal, l'attractivité du « logo », le potentiel de développement ultérieur, etc.
- **Le deal est-il honorable ?** La question est de savoir si l'on est capable de « faire le job » dans des conditions de marges satisfaisantes.

– **Le deal est-il gagnable ?** Les éléments à prendre en compte sont l'historique du client, notre position compétitive, notre niveau de prix par rapport à nos concurrents, notre capacité à convaincre dans le contexte particulier du deal, etc.

J'observe qu'un élément essentiel est presque toujours absent de cette dernière rubrique : a-t-on rencontré l'Executive ? Il s'agit pourtant d'un critère déterminant au vu de tous les éléments précédemment énoncés.

Autrement dit, être consulté sur un sujet de changement, structurant et à fort enjeu pour le client, sans avoir pour autant la possibilité de le rencontrer, ne serait-ce qu'une demi-heure, pose de sérieuses questions. Cela devrait parfois suffire à motiver un No-Go.

Il ne faut jamais perdre de vue que renoncer à répondre à une consultation, au-delà de la frustration que cela génère, c'est se libérer de la bande passante pour mieux répondre à d'autres consultations vers lesquelles les conditions de la victoire convergent davantage.

Faire un No-Go, c'est améliorer le *win ratio* sur les autres deals.

- **L'alignement des opérationnels**

Bénéficier dès le début du deal d'un « Executive Sponsorship » est un atout maître. Mais il serait naïf de penser que le deal est gagné pour autant : ce « sponsorship » est nécessaire mais pas suffisant.

Il faut ensuite travailler avec les opérationnels, pour construire la solution avec eux, en définir le périmètre, et bien sûr pour les convaincre de la supériorité de notre approche. Encore une fois, tout est ici affaire d'alignement.

Les opérationnels se répartissent généralement en trois catégories :

– les **sponsors**, favorables à notre approche et qui souhaitent nous voir gagner ;

- les **saboteurs**, opposés à notre approche et qui souhaitent nous voir perdre. Souvent d'ailleurs pour des raisons d'intérêt personnel, car ils voient dans notre projet une menace pour leur propre position ;
- les **neutres**, qui n'ont pas d'avis, ni d'enjeu personnel fort, qui attendent généralement de voir d'où vient le vent…

Tout l'enjeu de l'Executive Sponsorship est de faire basculer le « ventre mou », c'est-à-dire les neutres. Et de limiter les velléités des saboteurs, ce qui suppose que l'Executive ait affiché sa volonté d'avancer sur le sujet, et éventuellement d'avancer avec nous. Et cela ne va pas de soi. Nous verrons comment agir spécifiquement sur ce point.

- **La clarté du positionnement : la *Unique Business Value***

Je requiers toute l'attention du lecteur car ce point est l'un des plus importants… et disruptifs de l'ouvrage.

On pense parfois que, pour gagner une affaire en vente de valeur dans le cadre d'une mise en concurrence, il suffit de bien répondre au cahier des charges du client, en étant éventuellement moins cher que les concurrents. C'est commettre une double erreur :

- Première erreur : croire que répondre au cahier des charges permet de gagner. C'est faux. Répondre au cahier des charges donne juste le droit de jouer. Mal y répondre est éliminatoire.
- Seconde erreur : ne pas comprendre l'enjeu de différenciation. On ne gagne pas parce qu'on est bon, on gagne parce que l'on est meilleur que les autres. Ou plus exactement parce que l'on est perçu comme tel.

Et pour démontrer la supériorité de notre réponse, la tentation est de mettre en avant le maximum de bénéfices : plus les bénéfices sont nombreux, plus la valeur perçue devrait être importante…

Dans une présentation, il est d'ailleurs courant de voir une slide, généralement au moment de la conclusion, indiquant « Les cinq raisons de nous choisir ». Parfois, sept (voire douze). Ce serait quand même dommage que, sur tous ces bénéfices, il n'y en ait pas un seul qui impacte fortement le client.

Dans la pratique, les choses ne se passent pas ainsi. L'impact ne résulte ni de l'addition de couches ni de l'étalage de confiture. Ça, c'est la dilution (fig. 2.5).

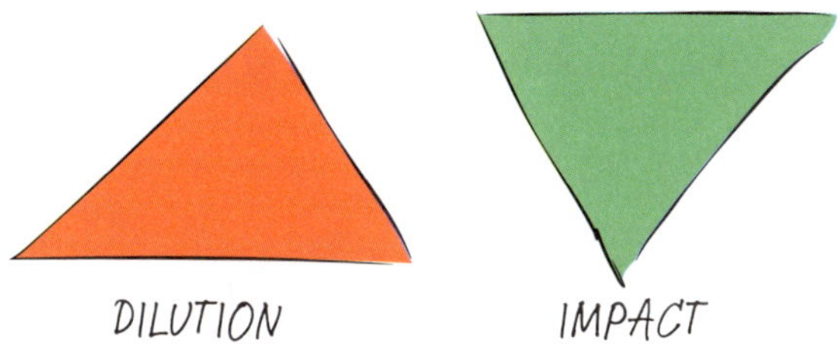

FIGURE 2.5. Impact *vs* dilution

L'impact, au sens physique, c'est le maximum de poids sur le minimum de surface. Et ce qui vaut en physique vaut également en psychologie de la persuasion. Donc un argument et un seul. Un bénéfice et un seul. Une source de valeur pour le client et une seule.

Pour s'en convaincre, il est intéressant de constater que lorsque l'on demande à un client pourquoi il nous a choisi, il n'émet pas 3, 5 ou 12 réponses. Mais une seule : « Vous nous avez convaincus que vous êtes les mieux placés pour nous aider à... » Le client nous choisit pour une seule raison et c'est celle-là qui a fait pencher la balance en notre faveur et qui a motivé la décision.

C'est la *Unique Business Value* (UBV) : ce pourquoi le client devrait décider de travailler avec nous.

Toute la difficulté est de décider *a priori* ce que le client nous avouera *a posteriori*.

Il s'agit donc de faire un choix. Si on fait le mauvais, c'est perdu. Si on fait le bon, c'est presque la garantie de gagner. Si on n'en fait pas, on présente une très bonne copie et on finit deuxième. Or la vente n'est pas un examen, c'est un concours.

La question est de savoir comment déterminer cette UBV, qui sera notre « cheval de bataille » et notre argument central dans la consultation.

En réalité, les choses sont relativement simples : l'UBV est au croisement de notre proposition de valeur et de la feuille de route du client (fig. 2.6).

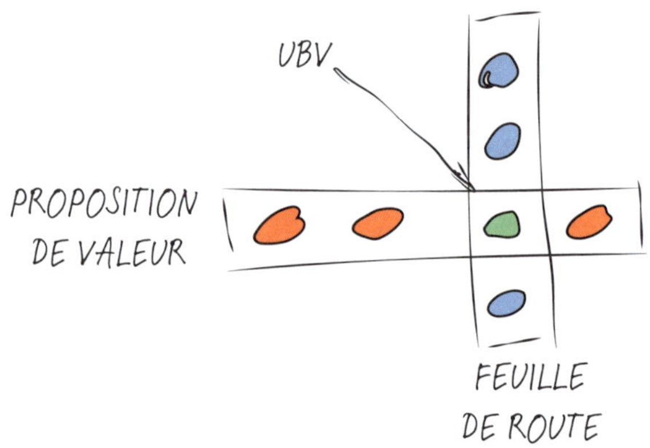

FIGURE 2.6. La *Unique Business Value* (UBV)

Encore faut-il parfaitement connaître cette feuille de route. Or le seul qui la connaisse vraiment, c'est l'Executive.

Autrement dit, **l'Executive est le mieux placé pour nous aider à comprendre la réelle valeur de notre proposition dans son contexte particulier, et donc pour nous permettre de savoir comment nous positionner.**

Par conséquent, rencontrer l'Executive le plus amont possible est une condition clé du succès.

- **L'affaiblissement des Achats**

L'Executive Sponsorship, associé à une valeur perçue qui nous rend unique sur le marché (UBV), permet dans certains cas d'éviter d'être mis en compétition. Nous avons réussi à démontrer que nous étions les seuls en mesure de délivrer la valeur attendue et nous avons mis hors-jeu la concurrence.

Il arrive que, compte tenu des montants, une mise en concurrence soit obligatoire, même si elle est tronquée en notre faveur. Il en va de même pour le passage par la « case » Achats. S'il arrive que l'Executive nous en dispense, les process internes rendent parfois cette étape nécessaire.

Lorsque mise en concurrence il y a, les acheteurs font très bien ce pour quoi ils sont payés : user de leur pouvoir et nous faire croire que la signature du deal dépend uniquement de notre capacité à accorder des remises et à nous aligner sur un mystérieux concurrent dont nous n'aurons jamais le nom. Bien souvent, c'est du bluff.

La négociation est une affaire de posture bien plus que de techniques. Et la posture est avant tout une affaire de pouvoir. Or c'est nous qui détenons le pouvoir. Soyons-en bien conscients.

En réalité, l'acheteur a probablement reçu le mandat suivant : « Nous voulons travailler avec cette entreprise, maintenant à vous d'essayer d'obtenir quelque chose de leur part. » Il est d'ailleurs utile de commencer l'échange en y faisant référence. Par exemple : « Je suis très heureux que nous puissions travailler ensemble à finaliser un accord sur ce projet, que Monsieur Dupont souhaite lancer rapidement, comme il me l'a encore répété hier soir... »

Le mythe de l'inaccessibilité de l'Executive

Mettre l'engagement avec l'Executive au cœur de la démarche ne signifie pas que c'est chose facile. C'est même objectivement difficile, et c'est sans doute la raison pour laquelle vous lisez ce livre.

Mais difficile ne signifie pas impossible.

Or je constate que circulent dans bon nombre d'organisations commerciales des croyances autolimitantes, qui aboutissent toujours à la même conclusion : on ne peut pas me demander, à moi commercial, de rencontrer directement les Executives.

Il est humain de se trouver de bonnes raisons de ne pas sortir de sa zone de confort, en se racontant que l'effort, étant voué à l'échec, n'en vaudrait pas la peine. On préfère éviter la douleur de l'effort aujourd'hui, quitte à affronter demain la douleur des regrets. Un tel refus d'obstacle est compréhensible. Pourtant ces croyances ne résistent pas à l'épreuve des faits.

Oui, mais vous allez me dire : « On le fait déjà ! »

J'entends souvent des directeurs commerciaux me dire : « Je suis d'accord, et d'ailleurs nous essayons déjà de rencontrer l'Executive à chaque fois que c'est possible. »

« À chaque fois que c'est possible » est en réalité un très mauvais point de départ. Dire cela, c'est être dans une logique de « nice-to-have » qui conduit, dans les faits, à faire de l'engagement avec l'Executive une exception, la règle étant que ce n'est généralement pas possible.

Or l'enjeu est bien d'inverser la règle et l'exception. Rencontrer l'Executive le plus en amont possible doit être une obsession, un « must-have ». *Where there is a will, there is a way.* Et ensuite seulement, on gère les exceptions.

C'est un enjeu de processus et plus encore de management commercial. Cette méthodologie ne fonctionne que si elle est expliquée, supportée, appliquée jour après jour, deal après deal, par les managers de terrain. À la fois à travers les outils de pilotage comme le CRM mais également à travers les outils de coaching comme les *deal reviews*.

Voici sept croyances parmi les plus courantes :

- **Il est plus facile de remonter à l'Executive en passant par les opérationnels.** Justement pas.

D'une part, les opérationnels ne vont pas nécessairement nous aider à rencontrer leur hiérarchie, et surtout nous n'oserons pas toujours le leur demander.

D'autre part, une fois que l'Executive nous aura identifié comme un contact de ses collaborateurs, il nous placera « dans la case » de ses n–1 et il risquera d'être moins enclin à nous considérer comme un interlocuteur crédible.

Comme nous l'avons déjà expliqué, **le cycle commercial obéit naturellement à la loi de la pesanteur : on descend souvent, on remonte rarement.**

- **On ne peut pas court-circuiter les opérationnels**. Ce qui est amusant avec cet argument, c'est qu'il prend l'exact contrepied du précédent...

  Il met cependant le doigt sur une réalité : le risque que l'opérationnel prennent ombrage de notre volonté de parler à son patron. Le message subliminal étant : vous n'êtes pas un interlocuteur valable.

  On ne peut pas nier que le risque existe, même s'il est toujours possible de formuler les choses visant à convaincre notre interlocuteur de son propre intérêt dans la démarche. Nous y reviendrons.

  En réalité, le vrai sujet n'est pas tant la forme que le fond.

  Imaginons que nous soyons sur une affaire avec un opérationnel qui n'est clairement pas le décideur. Imaginons que celui-ci nous explique que nous verrons probablement l'Executive... mais pas avant la soutenance.

  L'alternative est la suivante :

  – soit prendre le risque de perdre l'affaire, donc du temps et de l'énergie pour ne surtout pas froisser notre interlocuteur (qu'on aura parfois un peu rapidement baptisé « Champion » ou « Sponsor » alors qu'il ne fait rien pour nous aider) ;
  – soit prendre le risque de froisser notre interlocuteur (ce qui n'est d'ailleurs pas certain) pour avancer de manière significative sur le chemin de la victoire.

Quelle la finalité ? Se faire des amis ou gagner des affaires ? Entre deux risques, il faut choisir...

- **Les rendez-vous avec les opérationnels sont nécessaires pour préparer la rencontre de l'Executive.** On pourrait raisonnablement penser que les informations obtenues dans ces rendez-vous préparatoires permettent d'être plus pertinent face à l'Executive.
  C'est en grande partie faux. Nous n'obtiendrons de vraies informations stratégiques ou sensibles que de la bouche de l'Executive, pas de ses collaborateurs qui ne sont sans doute même pas au courant. C'est d'ailleurs pour cette raison que c'est lui ou elle que nous voulons voir.
  Je constate surtout que cette croyance est une fausse barbe qui permet de générer de l'activité commerciale... tout en repoussant l'échéance : l'engagement avec l'Executive.
- **Les outils de « *Lead Generation* » nous permettent de cibler la prise de rendez-vous.** C'est un mythe d'autant plus tenace qu'il est alimenté massivement par une myriade de start-up sur LinkedIn.
  Ces éditeurs, généralement pilotés par de brillants jeunes gens qui n'ont jamais fait de vente de leur vie, nous promettent de trouver des clients sans efforts, comme d'autres de maigrir facilement à l'approche des beaux jours.
  Il s'agit pour l'essentiel de « brokers » de leads qui vendent des listings d'adresses électroniques de tous les opérationnels qui ont cliqué sur notre campagne ou visité notre site Internet.
  Le problème de ces leads, c'est que nos concurrents ont les mêmes. Et que ces leads détectés de manière automatique ne représentent qu'une partie des entreprises qui vont effectivement s'engager dans un processus d'achat. Tous les autres passent sous les radars. Ainsi, tout le monde se bat sur les leads visibles, « faciles », et reste à l'écart des autres. Bienvenue dans l'« Océan Rouge ».
- **C'est le travail des *Sales Development Representatives* (SDR).** Les SDR ont, dans certaines entreprises, la responsabilité de la prise de rendez-vous, tâche parfois jugée trop ingrate pour être confiée à des commerciaux.
  Il s'agit généralement de leur première expérience professionnelle et ils n'ont pas suffisamment de bouteille pour conduire une conversation téléphonique avec un Executive.

Surtout, lorsqu'il est contacté, l'Executive souhaite échanger avec la personne qu'il est susceptible de rencontrer dans son bureau. En aucun cas avec quelqu'un d'autre, ce qui signifie que les SDR peuvent préparer et qualifier la prise de rendez-vous, mais que celle-ci qui doit impérativement être faite par les commerciaux eux-mêmes.

- **C'est le travail de ma direction.** Il s'agit d'une manœuvre subtile qui consiste à déléguer la plus difficile… à sa hiérarchie. Au nom du principe selon lequel « les Executives ne parlent qu'aux Executives ». C'est d'ailleurs pourquoi l'on voit fleurir la mention « Executive » dans les titres des commerciaux.
  Il est exact qu'un Executive est plus enclin à accepter un appel de la part d'un dirigeant que d'un prestataire potentiel. Le problème de cette pratique est qu'elle surcharge l'agenda de notre hiérarchie et nous cantonne, dès le début du cycle de vente, au rôle de porte-serviettes.
  En réalité, l'Executive ne veut pas tant parler à un homologue que ne pas perdre son temps. Ses vraies sont questions sont : « le sujet est-il présenté de manière pertinente ? » et « Est-ce que je ne vais pas perdre mon temps ? » et non « Quelle est la position exacte de la personne qui m'appelle ? »
  En conclusion, l'appel à la direction ne doit pas être exclu, mais envisagé comme un « plan B », en dernier recours.
- **C'est impossible dans le cadre d'un appel d'offres.** Les appels d'offres et les consultations formelles prévoient généralement un processus et un planning très précis, intégrant les questions complémentaires à adresser par mail (date de remise des propositions, de soutenance, etc.). L'objectif est de garantir une équité de traitement pour tous les compétiteurs. Dans ce contexte, il semble impossible d'accéder à l'Executive lors des étapes amont si ce n'est pas prévu. En réalité, il convient de distinguer deux cas de figure :
  – Dans le cadre des appels d'offres menés par organismes publics, c'est clairement impossible. Tout manquement au Code des marchés publics pourrait conduire à la nullité de la consultation. Cependant, si la relation avec l'Executive préexiste, rien n'empêche de passer un coup de fil officieux…

– Dans le cadre des consultations privées, il n'y a généralement pas de cadre juridique contraignant. Et les règles du jeu sont faites pour être respectées... par ceux qui veulent bien les respecter. Ce qui veut dire que, si nous considérons que notre intérêt supérieur est d'enfreindre la règle et de contacter l'Executive, nous n'avons rien à perdre. La chance sourit aux audacieux...

Les vrais freins

Après avoir dénoncé les fausses barbes, place aux bonnes raisons.

En effet, on demande souvent aux commerciaux d'engager le plus en amont possible avec les Executives sans pour autant leur en donner les moyens. Et ceux-ci, alors même qu'ils sont convaincus de la pertinence de la démarche, alors qu'ils font preuve de bonne volonté, voire de détermination, ne sont tout simplement pas en capacité d'y parvenir.

Les freins objectifs sont de nature très différente : ils relèvent à la fois du discours et des compétences.

- **Que raconter à un Executive ?**

Les commerciaux sont généralement très bien formés à présenter leur solution, voire parfois le catalogue de leurs solutions. Quand ce n'est pas à faire une « démo ».

Et ils ont l'intuition que ce type de présentation pourrait ne pas être adapté à un Executive. Que celui-ci pourrait rapidement mettre fin à l'entretien en indiquant qu'il n'est pas le bon interlocuteur. À juste titre, car les présentations de solutions sont totalement hors-jeu par rapport aux attentes des Executives.

Leur question n'est pas de savoir ce que nous faisons, encore moins comment nous le faisons. Leur question est de savoir au nom de quoi ils devraient changer de logique, d'approche ou de paradigme dans leur manière d'adresser le sujet.

Ce discours, qui est maîtrisé par les directions générales et par les directions commerciales, ne l'est que très rarement par les commerciaux.

Ce qui explique pourquoi, lorsqu'ils obtiennent un premier rendez-vous avec un Executive, leur réflexe initial est souvent de demander à leur patron de les accompagner.

L'enjeu est donc de formaliser ce discours, de le diffuser au niveau des équipes commerciales et de s'assurer qu'il est parfaitement maîtrisé.

C'est l'objet du troisième chapitre de ce livre.

- **Comment piloter un premier rendez-vous avec un Executive ?**

Depuis les années 1970, la totalité des formations commerciales nous apprennent que tout premier rendez-vous débute par une phase de découverte.

Ce qui est tout à fait logique si l'on se réfère au modèle de vente dominant depuis : Solution Selling. Pas de solutions sans problème. Pas de problème sans phase de découverte.

Cela fait donc cinq décennies que l'on forme sans relâche les commerciaux à trois compétences clés :
- poser des questions ;
- écouter les réponses ;
- rebondir sur les solutions.

Ici encore, les commerciaux ont l'intuition que débuter un rendez-vous Executive par une salve de questions n'est pas nécessairement approprié. Et à nouveau ils ont parfaitement raison.

Tout d'abord, il y a un enjeu de timing. Un premier rendez-vous avec un Executive, c'est rarement plus que 30 minutes. Or nous savons tous qu'une bonne phase de découverte... c'est 30 minutes !

Ensuite, il y a une question de confiance. Imaginons la scène. Nous sommes depuis 3 minutes face à l'Executive, nous venons de juste de nous présenter. Et nous attaquons notre phase de découverte par « Quels sont vos enjeux stratégiques à 24 mois », voire par le fameux « Qu'est-ce qui vous empêche de dormir la nuit ? » Comment peut-on sérieusement imaginer que l'Executive, qui ne sait pas vraiment à qui il a affaire, ni de quoi nous voulons parler, avec qui la confiance n'est pas encore établie... réponde autre chose que des banalités ?

Enfin, il y a un principe de réalité. Lors d'un premier rendez-vous avec un Executive, il est courant qu'il prenne d'emblée la main, en lançant : « Alors, chez Dupont, qu'est-ce que vous faites de beau ? » La découverte n'a même pas commencé qu'elle est déjà finie.

Il en va de même pour la fin d'un rendez-vous. Une des situations les plus courantes est d'entendre : « Laissez-moi réfléchir, revenez vers moi dans 3 mois. » Ce qui est embêtant, parce que la principale raison pour laquelle nous voyons un décideur, c'est pour qu'il décide. Comment gérer une telle situation ? Peut-on mettre la pression à un Executive en fin de rendez-vous ?

Bref, les commerciaux se sentent généralement désarmés sur la manière de conduire un rendez-vous à haut niveau, ce qui les incite, ici encore, à solliciter leur hiérarchie.

Le pilotage d'un premier rendez-vous avec un Executive est à la fois une question de *mindset* et de bonnes pratiques. C'est l'objet du quatrième chapitre.

- **Comment décrocher un premier rendez-vous avec un Executive ?**

Comment nous l'avons vu, le commercial a la responsabilité de prendre ses rendez-vous avec les Executives, lesquels exigent un échange téléphonique préalable avec celui ou celle à qui il/elle est susceptible d'accorder de son temps. Pendant cet échange, notre interlocuteur va probablement nous renvoyer vers les opérationnels et nous expliquer que le temps lui manque. Comment gérer ces objections ?

Avant tout chose, comment avoir l'Executive en ligne ?

La prospection dans le dur, c'est-à-dire les appels en direct ? Cela fonctionne, mais avec un taux d'échec de 99,5 %. Autant dire que c'est une machine à démotiver. Passe encore en début de carrière, mais à partir d'un certain niveau de « seniorité »...

Les campagnes d'e-mailing ? 80 % des e-mails commerciaux ne sont même pas ouverts... ce qui oblige à avoir une démarche quantitative, peu compatible avec une approche Executive.

LinkedIn ? Les Executives sont sursollicités. Certes, il n'est pas exclu de prendre deux ou trois rendez-vous par an sur ce réseau, mais cela ne peut être le canal prioritaire. LinkedIn n'est pas un média d'engagement.

Oui, mais vous allez me dire : « LinkedIn est un outil moderne et efficace ! »

Certes, il n'est pas envisageable pour un commercial B to B ne pas avoir un profil « propre » sur LinkedIn. Il est nécessaire de publier régulièrement, d'être présent. C'est un outil de notoriété. Il convient de s'inscrire dans le « paysage ». J'ai l'habitude de dire que LinkedIn, c'est l'hygiène du commercial : 5 minutes par jour, comme les dents.

C'est également un formidable outil de qualification. On y trouve la carrière et les centres d'intérêt de nos cibles.

Ce n'est pas pour autant un outil d'engagement. Plus précisément, ce n'est plus un outil d'engagement à haut niveau. LinkedIn est en quelque sorte victime de son succès. Les Executives y sont globalement sursollicités, même si cela est variable selon les secteurs.

Donc, même si l'on parvient à dénicher quelques rendez-vous par an *via* ce canal, il est trop aléatoire pour en faire un canal principal d'engagement avec les Executives.

Mais alors, qu'est-ce qui marche ?

Des techniques plus sophistiquées, que nous regroupons sous l'appellation « *Smart Calling* », et qui permettent d'obtenir entre 30 et 70 % de taux de prise de rendez-vous sur une cible Executive.

C'est également l'objet du quatrième chapitre.

Chapitre 3
Réimaginer le discours

La seule vraie chose précieuse est l'intuition.

ALBERT EINSTEIN

Pitcher la valeur

Nous nous sommes jusqu'à présent focalisés sur la méthodologie commerciale, qui est devenue l'élément le plus structurant en matière de vente de valeur.

Mais la vente est aussi l'art de la dialectique.

L'un des principaux freins soulevés par les commerciaux à l'idée de rencontrer des Executives est : pour leur raconter quoi ?

En effet, l'une des premières questions de l'Executive en rendez-vous est : « Alors, qu'est-ce que vous faites de beau chez Dupont SA ? »

Voici les éléments de réponse habituellement à disposition des commerciaux :

- Une présentation de leur entreprise : dates clé, chiffres clés, carte des implantations, liste des clients, etc.
- Une présentation de leur solution, qui décrit ses caractéristiques, son mode de fonctionnement, la liste des bénéfices, la grille tarifaire et éventuellement un ou deux cas d'usage...

- Parfois, une démonstration fonctionnelle de la solution, sur le mode « regardez comme c'est simple, regardez comme c'est beau » (sous réserve d'accéder au Guest Wifi et de se connecter au téléviseur)...
- Le tout dans une présentation PowerPoint de 10 à 50 slides...

Autrement dit, une compilation plus ou moins exhaustive des réponses à la question « Pourquoi nous ? » et aucune réponse à la question « Pourquoi changer ? »

Or nous rencontrons l'Executive pour obtenir une impulsion de changement.

Notre présentation habituelle est donc totalement hors-sujet. Ne la jetez pas pour autant : c'est généralement un excellent support dans le cadre de l'intégration et de la formation des nouveaux commerciaux. Elle sera également utile lors des rendez-vous avec les opérationnels.

Dans le contexte d'un premier rendez-vous, nous suggérons plutôt de délivrer un « *Executive Value Pitch* », littéralement : l' « histoire que nous allons raconter à l'Executive ».

Nous allons voir comment construire et présenter ce pitch, tant sur le fond que sur la forme.

Un enjeu de différenciation

L'enjeu de l'*Executive Value Pitch* est très simple : mettre hors-jeu la concurrence avant même le départ de la course. Autrement dit, imposer une vision, un raisonnement et les critères de choix qui nous sont favorables.

Comme nous venons de le voir, l'approche traditionnelle consiste à raconter le maximum de choses sur notre entreprise et notre solution. Or la plupart de ces informations n'ont absolument aucun intérêt pour notre interlocuteur.

Il convient donc de nous focaliser sur ce qui est réellement important pour construire ce pitch. Quels sont tout d'abord les trois sujets que nous sommes susceptibles d'aborder (fig. 3.1) ?

- Ce que nous faisons, sujet sur lequel nous sommes souvent très bavard...
- Ce que font les concurrents, dont nous évitons de parler...
- Ce qu'attend le marché, point qui est rarement abordé...

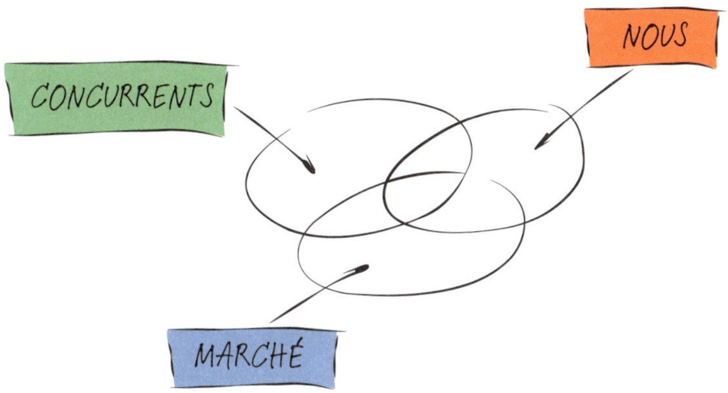

FIGURE 3.1. Les trois thématiques potentielles

Sur quoi nous focaliser ? L'intersection des trois thématiques (ce que tout le monde fait, nous y compris, et qui a de la valeur pour les clients), n'est en fait pas très intéressante. C'est un prérequis pour opérer sur le marché, rien de plus.

Ainsi, une solution en mode SaaS doit évidemment être accessible 24 heures sur 24 et 7 jours sur 7 en mode collaboratif, asynchrone et hébergée dans le cloud. À défaut, on est tout simplement hors marché. Cela ne dit donc rien de notre propre valeur. Ce qui en dit plus long, c'est la zone d'intersection verte de la figure 3.2 : elle représente **ce que nous sommes les seuls à faire et qui a de la valeur pour le marché.** Autrement dit : la proposition de valeur.

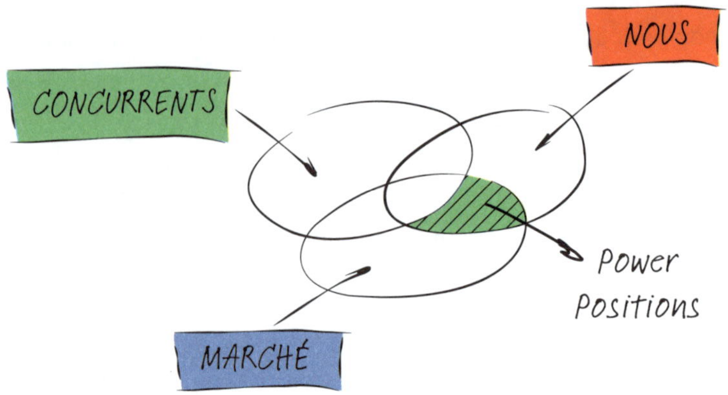

FIGURE 3.2. La proposition de valeur

C'est sur terrain et uniquement sur celui-ci que nous pouvons revendiquer et défendre un positionnement spécifique :

- Nous sommes légitimes : nous pouvons prouver que nous faisons ce que nous faisons.
- Nous sommes pertinents : ce que nous faisons a de la valeur pour le marché.
- Nous sommes uniques : nos concurrents ne font pas ce que nous faisons.

Les Américains nomment cela les « *Power Positions* ». On peut également parler de « *Value Prop* » ou de « proposition de valeur ». Ou tout simplement de « différenciation ».

Concrètement, cette « *Value Prop* » peut s'exprimer de deux manières complémentaires : des *bullet-points* et/ou une vision. Les *bullet-points* permettent de matérialiser de manière concrète et objective notre différence à travers deux ou trois points concrets. Pour autant, cette liste passe souvent à côté de l'essentiel. La vraie différence entre deux approches tient d'abord à une différence de vision. Cette vision se traduisant ensuite dans des caractéristiques et des *bullet-points*.

Et c'est précisément cette association « Vision + Caractéristiques » qui fait une proposition de valeur. Prenons trois exemples sur des marchés B to B très différents :

- Sur le marché très pointu... des déclarations administratives dans le cadre des travaux effectués à proximité de chantiers, Protys se positionne avec la vision suivante : « Être l'opérateur de référence du nouvel écosystème qui se met en place. »
  Ce qui se matérialise par trois éléments de différenciation :
  - la maîtrise des processus liée à notre expérience terrain et donc à notre connaissance des points de frottement ;
  - l'efficacité technologique liée à la maîtrise de la totalité des briques métier et des passerelles qui lient les différents acteurs de l'écosystème ;
  - l'anticipation réglementaire qui découle de notre positionnement d'expert vis-à-vis des pouvoirs publics.
- Sur le marché de la planification d'entreprise, Anaplan se positionne avec l'affirmation suivante : « Nous sommes le seul véritable acteur de Connected Planning du marché », ce qui s'explique par les deux points suivants :
  - nous sommes les seuls à adresser, avec un seul outil et sur une seule plateforme, les quatre principales fonctions structurantes des entreprises ;
  - nous avons un taux d'utilisation de notre solution sans équivalent, lié à un mode de déploiement « maison » qui adresse de manière efficace les freins au changement.
- Enfin, sur le marché de la BI (*Business Intelligence*, c'est-à-dire de la capacité... à prédire l'avenir), Jedox se positionne avec la promesse suivante : « Notre capacité unique à analyser les signaux faibles spécifiques à votre métier vous permet de les traduire instantanément en scénarios financiers. »
  Cette position s'appuie sur les caractéristiques suivantes :
  - une collaboration avec des intégrateurs spécialisés par métier ;
  - une solution puissante car ouverte en termes de *data* et d'utilisateurs ;
  - une solution particulièrement simple à mettre en place et à utiliser.

Oui, mais vous allez me dire : « Le marketing utilise déjà ces éléments, il suffit de les reprendre. »

Certes. Le marketing est effectivement là pour définir et verbaliser un positionnement. Lequel s'exprime sur le site internet et sur différents supports de communication (plaquettes, salons, médias, etc.).
Cela se traduit le plus souvent par un slogan, accompagné parfois de quelques phrases qui rentrent un peu plus dans le détail.
Les principaux objectifs de ces éléments sont d'indiquer le terrain de jeu tout en n'excluant personne, conduisant ainsi à des formulations consensuelles sur la forme et peu clivantes sur le fond. Le but du marketing n'est pas d'exclure mais de rassembler.
La proposition de valeur exprimée par un commercial en rendez-vous se doit d'être beaucoup plus incisive.
Se positionner, c'est dire ce que l'on fait, donc ce que l'on ne fait pas. Choisir, c'est renoncer. Un positionnement qui n'est pas clivant n'est pas un positionnement.

Le pouvoir de la vision

Pourquoi les *bullet-points* sont-ils nécessaires mais pas suffisants pour décrire un positionnement ? Quelle est la valeur ajoutée d'une vision pour exprimer ce que l'on est ?

- **Le premier pouvoir de la vision est dialectique : elle tire vers le haut**

On peut évidemment décrire une solution par ses fonctionnalités. On peut, comme nous venons de le voir, restreindre cette description aux seules fonctionnalités différenciatrices. Pour autant, cela reste souvent assez technique, et la question sous-jacente est : pourquoi ces fonctionnalités et pas d'autres ? Qu'est-ce qui justifie ces choix ?

La réponse se situe au niveau supérieur : celui des critères. C'est au nom de tel critère que nous décidons que la solution doit faire ceci et pas cela. Et c'est là que l'on commence réellement à faire des choix.

Est-ce que l'on considère que la solution doit être d'abord puissante... ou d'abord rapide ? avant tout exhaustive... ou simple ? avant tout ouverte... ou sécurisée ?

Ne pas choisir, c'est choisir par exemple d'avoir une solution moyennement puissante et moyennement rapide. Ce qui n'est pas un positionnement. Dans ce cas, il faut parler d'autre chose et faire sur un autre sujet un choix structurant, clair et lisible.

Mais à un moment donné peut se poser la question de la justification du ou des critères retenus. Pourquoi plus rapide que puissante ? Pourquoi plus simple qu'exhaustive ? Pourquoi plus sécurisée qu'ouverte ?

La réponse se situe à nouveau au niveau supérieur : celui de la vision.

Difficile de donner une définition de la vision (fig. 3.3). C'est l'ADN, ce qui fait que l'on est ce que l'on est. C'est la réponse à une compréhension spécifique du marché. C'est aussi le fruit d'une histoire.

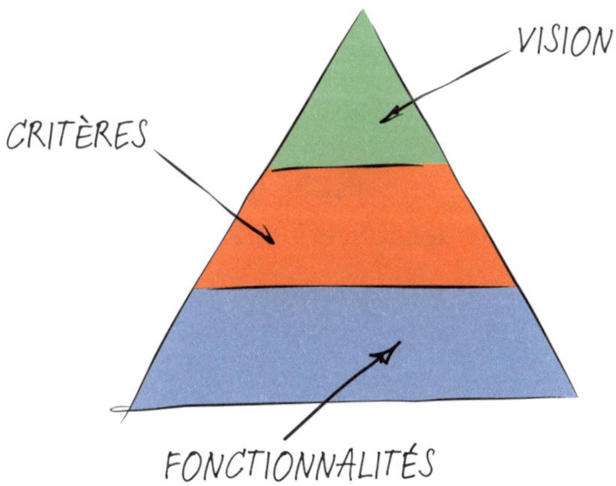

FIGURE 3.3. La vision au sommet de la pyramide

Prenons un exemple concret. Tous les acteurs du cloud, qu'ils s'agissent des GAFAM ou d'acteurs régionaux, proposent des solutions dont les fonctionnalités sont équivalentes à 95 % avec des tarifications pratiquement alignées. Comment choisir ?

Les clients qui se lancent dans des analyses comparatives poussées aboutissent généralement, après plusieurs mois, à une conclusion assez simple : la seule différence, c'est une question de vision.

Concrètement, la différence entre un acteur français bien connu et les grands acteurs américains non moins connus tient en une différence de vision fondamentale concernant la propriété, et donc la réversibilité de la donnée. Rien d'autre.

Il est très rare que deux entreprises aient, sur un même marché, une même vision de la valeur qu'elles souhaitent apporter à leur client.

La vision est donc naturellement différenciante. À condition d'en avoir une. Un jour, un client m'a dit : « Nous n'avons aucune lecture particulière de ce qui se passe sur le marché, pas plus que de vision claire de ce que nous voulons y faire ; pour autant, il faut que nous racontions quelque chose. » Pas simple.

En dialectique, un niveau se challenge toujours par le niveau supérieur. Si l'on veut remettre en cause les fonctionnalités d'un cahier des charges, ce ne sont pas des fonctionnalités dont il faut parler, mais des critères.

Comment challenger une fonctionnalité qui ne nous arrange pas

Prenons l'exemple d'une solution d'automatisation du paiement des fournisseurs, dite « *Procure to Pay* ».
On voit généralement dans les cahiers de charges la fonctionnalité du « rapprochement ligne à ligne » : si le devis et la facture sont identiques à la lettre près, la facture est validée et le processus de paiement enclenché. On a un critère qui est la conformité et une fonctionnalité qui dit « conformité à 100 % = validation ».

Le problème est que, dans la réalité, 20 % des factures ont un écart avec le devis lié... à une erreur de saisie. Par exemple, il manque un « *s* » à « 10 palettes de téléviseurs Réf. AX0125A ». C'est évidemment la bonne facture, les montants sont les mêmes, mais le système va la rejeter.
On se retrouve donc avec 20 % des factures qui vont devoir être traitées à la main, ce qui annule le gain de productivité réalisé par ailleurs. Or la finalité est le temps total passé. Le bon critère est le taux d'automatisation du traitement, et non le taux de conformité. Il est logique d'assouplir la fonctionnalité, pour qu'elle traite automatiquement les factures « quasi conformes », et donc de challenger le cahier des charges.

À présent, si l'on veut remettre en cause les critères, ce ne sont pas des critères dont il faut parler, mais de la vision.

La vision ne se challenge pas. Elle est à prendre ou à laisser. Elle est légitime par nature.

Ainsi, dès lors que l'on a « vendu » la vision, tout le reste s'enchaîne et s'aligne en cascade. « Qui tient les hauts tient les bas », disait le général de Gaulle.

La logique de l'« Océan Bleu » appliquée à la vente

Ce concept célèbre en matière de stratégie, mis au point par W. Chan Kim et Renée Mauborgne, consiste à abandonner la partie de l'océan où 90 % des poissons s'affrontent pour rejoindre un espace vierge dénué de concurrent.
De la même manière, en imposant une vision et des critères, qui plus est à un niveau Executive difficile d'accès, nous mettons hors-jeu la concurrence avant même le départ de la course.

- **Le second pouvoir de la vision est l'affirmation d'un leadership**

La vision donne du sens, elle permet même de se distinguer par le regard particulier qu'elle porte sur un marché et la réponse exclusive qu'elle prétend apporter. Et ce sens contribue à la fois à nourrir la marque et à renforcer son attractivité.

Le sens est consubstantiel au leadership. Le leadership sans sens n'est que force et autoritarisme. Il ne commence à faire autorité que dès lors qu'il apporte du sens à travers une vision.

L'enjeu est double, puisqu'il s'agit « d'embarquer » non seulement les clients et prospects mais également les collaborateurs.

Simon Sinek a particulièrement bien décrit ce phénomène à travers ses conférences et son ouvrage *Start with Why* (*Trouver son pourquoi*, Pearson, 2018).

Les marques grand public ont compris ce raisonnement depuis des décennies. Elles n'ont de cesse d'apporter un supplément d'âme en proposant une vision de leur produit. Parfois en mettant en scène les disruptions objectives de certaines marques. C'est ainsi qu'Apple réconcilie technologie et design, que Tesla propose une nouvelle vision de l'automobile quand Devialet promet une nouvelle expérience du son. Parfois en construisant des imaginaires de marque hors-sol pour compenser l'absence objective de différenciation des produits.

Force est de constater que le B to B est à la traîne, empêtré dans sa recherche de rationalité.

Pourtant, la plupart des grands succès en B to B se sont construits autour d'une vision généralement incarnée par son dirigeant fondateur. Les choses se gâtent parfois quand celui-ci cède la place aux fonds d'investissement. La vision se délite au profit de logiques financières court-termistes.

Le rôle des émotions

Pour autant, l'affirmation d'un positionnement, aussi original, puissant et différenciateur soit-il, ne peut suffire à susciter l'adhésion. Une proposition de valeur et une vision ne font pas un pitch.

Qu'est-ce qu'un pitch ? C'est tout simplement une histoire.

Mais pourquoi donc faudrait-il raconter une histoire à un... Executive ? La raison en est simple. L'être humain carbure à l'émotion. Il ne retient durablement, il « n'imprime » comme on dit aujourd'hui, que l'émotion.

Le phénomène est tellement bien identifié que tous influenceurs, tous ceux qui finalement ont quelque chose à nous vendre, ne jurent plus que par « l'événementialisation » des situations et l'expérience vécue par les clients ou les téléspectateurs.

Le sport est devenu un spectacle, l'actualité est devenue un spectacle, même la politique est devenue un spectacle. La relation client est devenue une expérience, le point de vente est devenu une expérience, l'acte d'achat est devenu une expérience.

Nous vivons dans un monde où la forme prend peu à peu le pas sur le fond. Pour autant, doit-on considérer qu'un rendez-vous avec un Executive doit ressembler un spectacle ou être conçu comme une expérience ? Que la forme y compte plus que le fond ? L'émotion est-elle réellement l'alpha et l'oméga d'un processus de persuasion ? Pas si simple...

Quels sont, pour débuter, les rôles respectifs du rationnel et de l'émotionnel dans les prises de décision ?

L'émotion est effectivement le premier *driver* des décisions en B to C. C'est précisément la raison pour laquelle les marques dépensent tant d'argent en publicité et en marketing. Cela semble être du bon sens lorsque l'on décide d'un nom de marque de café ou du choix d'un parfum, par exemple.

Et c'est également vrai lorsqu'il s'agit d'achats à plus forte implication, comme une voiture ou, pire encore, un appartement ou une maison. Les études décrivent très bien le processus qui se met en place. Compte tenu de l'enjeu financier, on commence par rationaliser la future décision en dressant une liste de critères et de fonctionnalités. Première étape qui ne se fait pas toujours sans heurts lorsque plusieurs personnes sont impliquées (le couple et les enfants, par exemple) et qui suppose parfois... un réalignement sur la vision : une maison, pour quoi faire et pour y vivre quoi ?

Puis vient le moment des visites, et très vite ce rationnel si soigneusement préparé vole en éclats. D'abord, parce que le niveau de confiance établi avec l'agent immobilier offre un biais favorable ou défavorable dans l'appréciation des biens visités. Et surtout parce que finit par se produire le fameux « coup de cœur » où la maison visitée ne coche que six cases sur dix... mais ce n'est pas grave, c'est celle-là qu'on veut !

Qu'en est-il à présent en B to B ? N'est-ce pas précisément le lieu de la plus grande rationalité ? Même si c'est contre-intuitif, les études concluent au même résultat qu'en B to C. Pour la simple et bonne raison que le fonctionnement de notre cerveau ne varie pas en fonction de l'heure de la journée, selon qu'il décide pour lui-même ou pour son entreprise. Au cours des vingt dernières années, cinq prix Nobel d'économie ont été attribués à des travaux portant sur l'irrationalité des décisions économiques.

Si l'émotion est donc bien le premier *driver* de nos prises de décisions, le rationnel est-il pour autant absent ? Absolument pas. En l'occurrence, il est à la fois secondaire et indispensable. Nous avons en effet besoin de rationaliser et de justifier nos décisions... *a posteriori*. Pour nous convaincre nous-mêmes que nous avons pris la bonne décision. Pour nous rassurer ou nous déculpabiliser selon les cas. Et également pour convaincre les autres de la solidité rationnelle d'une décision... qui ne l'est en réalité pas du tout.

Ainsi sommes-nous capables de justifier lors d'un dîner entre amis pendant de longues minutes le choix de notre dernière voiture sur des bases aussi rationnelles que sa consommation de CO_2 ou le volume du coffre. Alors que la réalité est que nous avons craqué sur son look ou ses finitions.

Et c'est exactement la même chose en entreprise...

On le vit avec l'exercice du *business case*. Évidemment l'exercice du *business case* doit être pratiqué, c'est même une « figure imposée » de la vente de valeur. Mais il doit être pris pour ce qu'il est réellement : un exercice de communication, sans grande valeur rationnelle, qui sert à vendre une décision en interne. Et que par bonheur le client ne ressort jamais du tiroir trois ans plus tard.

Ainsi, on comprend que **les décisions sont d'abord émotionnelles, avec une justification rationnelle *a posteriori*.**

Mais comment mettre à profit cet enseignement dans la réalité commerciale ?

L'émotion naît du pathos, qu'il soit positif ou négatif. Voir un enfant malheureux nous fend le cœur. Écouter le *Requiem* de Mozart dans une église nous fait couler des larmes de joie. Chanter notre hymne national dans un stade plein nous fait intensément vibrer.

Pas facile à reproduire dans le cadre d'un premier rendez-vous avec un Executive... La notion d'émotion atteint ici une limite.

Le levier de l'intuition

Il serait plus juste de dire que les décisions sont prises de manière non rationnelle ou plus exactement non consciente. Plus que l'émotion, le principal moteur de nos prises de décision est... l'intuition.

Qu'est-ce que l'intuition ? Ce n'est rien d'autre que le *big data* appliqué au cerveau humain. Concrètement, il s'agit de la capacité du cerveau humain à conduire un processus en cinq étapes :

- Recueillir la totalité des informations disponibles, factuelles (ces deux hommes ont telle expression sur leur visage) et contextuelles (je suis seul, il fait nuit).
- Les confronter à ma base de données, c'est-à-dire à la totalité des expériences enregistrées dans ma mémoire (j'ai déjà vu ces expressions sur des visages et il s'est passé ceci, j'ai déjà été seul la nuit dans la rue et il s'est passé cela).
- Évaluer la situation au regard de ses expériences passées (ils sont agressifs).
- Me positionner (je suis en danger).
- Prendre une décision (fuir).

Le tout en quelques dixièmes de secondes, de manière totalement automatisée et inconsciente.

Ce fonctionnement a été particulièrement bien décrit par Daniel Kahneman dans *Système 1 – Système 2* (fig. 3.4).

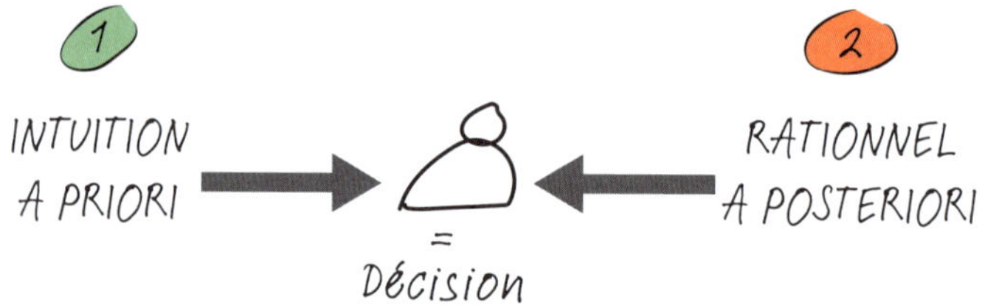

FIGURE 3.4. Intuition *vs* raisonnement

Le système 1, c'est l'intuition. Le système 2, c'est le raisonnement. **L'être humain privilégie systématiquement l'intuition, et n'utilise le raisonnement qu'en dernier recours,** si et seulement si l'intuition ne produit pas de solution satisfaisante.

Cette hiérarchie des modes de fonctionnement s'explique par le fait que l'intuition fait consommer à notre cerveau infiniment moins de sucre et d'énergie que le raisonnement. Ce n'est donc rien d'autre qu'une question d'optimisation des batteries.

D'ailleurs, si l'on est honnête avec soi-même et que l'on prend un peu de recul sur la manière dont nous prenons nos propres décisions, qu'il s'agisse du recrutement d'un collaborateur ou du choix d'un artisan, le constat sera le suivant : notre décision est prise en quelques secondes, parfois quelques minutes, sans que nous sachions vraiment sur quelles bases.

Et tout le reste de l'entretien sert à trouver des éléments rationnels dont nous avons besoin pour conforter et justifier notre choix. Il s'agit d'un biais cognitif bien connu sous le nom d'effet de halo.

L'Executive fonctionne exactement de la même manière : sur la base d'intuitions qui le conduisent à se dire au bout d'un moment quelque chose d'aussi basique que « Je le/la sens bien » ou « Je le/la sens pas du tout », « cette personne m'inspire confiance » ou pas.

Voici deux exemples pour illustrer cette réalité :

- **Le premier est celui d'une célèbre entreprise française de « Facilities Management » dans le domaine scolaire.** Les marchés tant publics que privés se chiffrent souvent en dizaines de millions d'euros et sont attribués sur appel d'offres.

  Ces appels d'offres comportent plusieurs centaines de pages et couvrent des sujets aussi variés que la traçabilité des poulets de la cantine, les plages horaires d'intervention de la maintenance multitechnique ou encore les conditions de reprise de personnel.

  Les réponses à ces appels d'offres font plusieurs milliers de pages, c'est-à-dire plusieurs classeurs.

  Les acteurs susceptibles de traiter la totalité de ces sujets sont au nombre de trois en France. Et les trois sont systématiquement consultés. Et les trois cochent évidemment toutes les cases. La réponse à appel d'offres est plus « un droit de jouer » éliminatoire qu'un véritable outil de sélection.

Le client, face à ses trois piles de classeurs, doit répondre à la question « qui choisir ? » Et c'est là que l'on comprend les limites d'une sélection rationnelle. En effet, les critères sont si nombreux qu'il faudrait écrire un algorithme. Il faudrait de plus pondérer les critères. Or pondérer, c'est choisir. Selon par exemple que l'on surpondère le prix ou la qualité, on sait que l'on favorise de fait tel ou tel compétiteur.

Donc les décideurs se réunissent en petit comité pour répondre à la question suivante : « qui on sent bien sur ce coup-là ? » Réponse qui dépend plus de la soutenance que de ce qu'on peut lire dans les classeurs. Puis *a posteriori* on pondère les critères, ou l'on attribue les notes par critère, qui permettent d'arriver au même résultat.

Évidemment, personne ne confirmera jamais ce que je viens d'écrire. Et c'est pourtant la réalité.

- **Autre exemple : la directrice commerciale d'une start-up spécialisée dans le domaine du pilotage des indicateurs en point de vente** explique les conditions dans lesquelles elle a perdu une consultation d'un prospect important. Bien qu'ils remplissent parfaitement le cahier des charges, le prospect leur explique qu'ils ne sont pas retenus et leur donne le nom de l'heureux gagnant. Alors que la directrice commerciale s'étonne que le concurrent en question ne soit pas en mesure de traiter certains points clé du cahier des charges, le prospect lui fait la réponse suivante ; « Certes, vous avez raison... mais ils nous ont effet un effet Waouh ! »

  Ce qui est étonnant, ce n'est pas l'impact de ce fameux « effet Waouh ». C'est que le prospect ait l'honnêteté de l'avouer, ce qui est plutôt rare. Généralement, il se réfugie derrière une excuse rationnelle du type « Ils ont été meilleurs sur tel aspect » ou tout simplement « Ils sont moins chers. »

La question est donc : comment créer des intuitions positives chez notre interlocuteur ?

Voici une machine à produire des intuitions (fig. 3.5), qui utilise différents outils pour influencer favorablement notre interlocuteur. Ces outils permettent d'impacter les registres émotionnel et rationnel, de manière plus moins consciente.

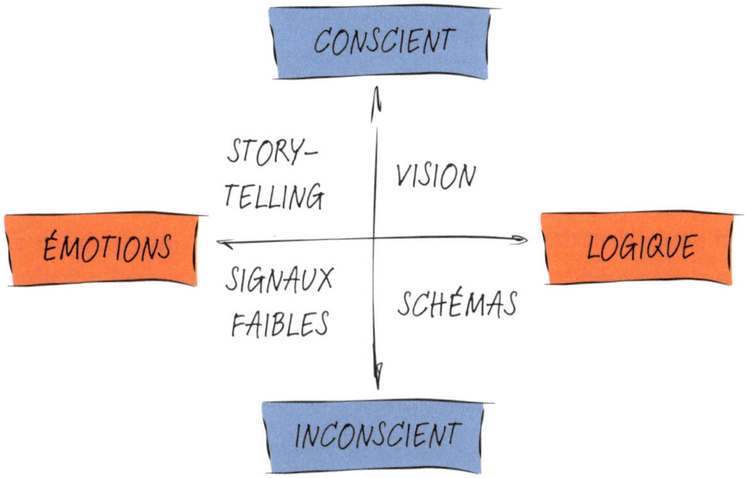

FIGURE 3.5. La fabrique à intuitions

- **Le pouvoir de la vision.** Bien qu'elle s'appuie le plus souvent sur un raisonnement et une logique, la vision est un puissant vecteur de sens, donc d'adhésion. Une bonne vision résonne et sonne comme une évidence.
- **L'impact des schémas,** qui sont la principale chose que l'on retient à l'issue d'une présentation. Le cerveau humain est conçu pour mémoriser durablement les images, pas les concepts. Le schéma est donc un moyen puissant d'exprimer un concept et surtout de le faire mémoriser. La simple visualisation de la figure 3.6 ne fait-elle pas instantanément resurgir, dans votre cerveau, toute une série de concepts pourtant complexes et abstraits ?

FIGURE 3.6. Process décisionnel (2)

- **La force du storytelling** qui est également la principale chose que l'on retient à l'issue d'une conversation, et pour la même raison. Raconter une histoire, c'est obliger le cerveau de l'autre à fabriquer en temps réel des représentations visuelles de cette histoire. L'impact est immédiat et durable. Je suis convaincu que vous venez de visualiser la scène...

Off the record

C'était mon premier rendez-vous avec le PDG de cette société d'ingénierie. Je suis arrivé devant les bureaux, une sorte de paquebot moderne au sud de Boulogne-Billancourt (Hauts-de-Seine). Il y avait une place devant l'entrée, je l'ai pris comme un signe positif et j'ai fait un créneau impeccable. Il était 7 h 45, il faisait encore nuit, j'étais en avance. J'ai éteint le moteur, fermé les yeux, ralenti ma respiration et je me suis concentré sur la manière dont j'allais débuter ce rendez-vous. J'étais en pleine confiance.

- **La maîtrise des signaux faibles.** Ponctualité, tenue vestimentaire, contact visuel, gestuelle... tous ces éléments produisent en temps réel une image de professionnalisme, d'authenticité et de puissance personnelle... Ou à l'inverse de dissonance cognitive, cette image confuse que « quelque chose ne colle pas ».

La construction du pitch

Comment les enjeux de différenciation, le pouvoir de la vision et enfin le levier de l'intuition peuvent-ils se conjuguer afin de parvenir à un pitch pertinent sur le fond et impactant sur la forme ?

La clé est dans la structure narrative (fig. 3.7). La structure la plus simple à produire et la plus efficace en termes d'impact est la structure « dramatique ».

- **Contexte : « Nous sommes un acteur de référence dans le domaine du... et voici notre lecture des enjeux... »**

L'objectif est de préciser notre terrain de jeu mais surtout d'apporter de la valeur sur le fond à travers une lecture spécifique des tendances du marché.

Rappelons-nous que l'Executive attend d'apprendre quelque chose qu'il ne sait pas. Pas facile car il connaît probablement assez bien notre sujet. L'enjeu est plutôt de donner de nouvelles perspectives, un point de vue différent sur un sujet qu'il connaît déjà.

S'agissant du démarrage du pitch, il s'agit également d'apporter des éléments de fond suffisamment consensuels pour ne pas risquer un désaccord d'emblée, et suffisamment disruptifs pour ne pas donner l'impression d'enfoncer des portes ouvertes.

- ***Drama* : « En fait le vrai problème, c'est que... »**

Le *drama*, c'est le point de bascule du pitch. Sans *drama*, pas de tension dramatique, pas d'écoute, pas d'intérêt, pas d'impact.

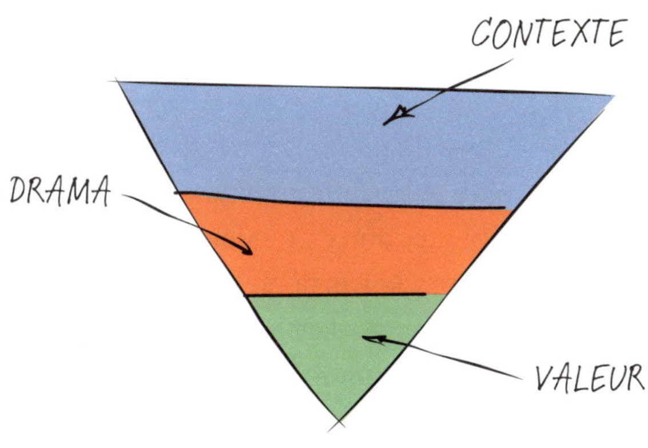

FIGURE 3.7. La structure du pitch

Le *drama*, c'est le moment où... la princesse se fait enlever dans la forêt.

C'est le moment où l'on comprend que si rien ne change, si rien ne se passe, tout cela pourrait fort mal finir. Autrement dit, c'est le « killer du statu quo », dont je ne répéterai jamais assez qu'il est notre principal ennemi en vente de valeur.

- **Valeur : « Et du coup, la valeur de notre approche, c'est précisément que... »**

Et l'on retrouve la proposition de valeur que nous avons évoquée il y a quelques pages. Mais celle-ci, plutôt que de s'exprimer hors-sol, est à présent contextualisée.

Ainsi, le pitch n'est pas simplement notre proposition de valeur, mais plutôt l'histoire de notre proposition de valeur. **Le pitch est la réponse à la question « pourquoi faisons-nous ce que nous faisons comme nous le faisons ? »** Et secondairement « pourquoi nous ne faisons pas ce que nous ne faisons pas ». Autrement dit, c'est une mise en perspective de la vision dont nous avons parlé.

Ce qui permet non seulement d'exprimer notre valeur mais également de produire du sens, qui est vecteur d'adhésion.

Surtout, il permet d'imposer la question à laquelle nous avons la réponse. En imposant le *drama*, il impose la pertinence de notre positionnement.

En effet, cette structure de pitch permet de dérouler un raisonnement de manière limpide et de faire une démonstration implacable. Dès lors que l'on adhère aux deux premiers points, et il y a peu de raisons de ne pas y adhérer, le troisième point, qui est notre valeur, apparaît comme une évidence. Les spécialistes de la rhétorique parlent de « raisonnement en siphon ».

Cette construction a également l'avantage d'être adaptée à tout type de prise de parole :

- un « *Elevator pitch* » de 40 secondes.
- un « *Executive Value Pitch* » en rendez-vous avec un Executive ;
- une conférence de 45 minutes ou plus.

Il suffit de rajouter ou d'enlever à cette colonne vertébrale des exemples, des illustrations, du storytelling.

Sur le plan formel, l'exercice de l'Executive Value Pitch doit également respecter quelques règles de durée, de ton et de supports.

- La durée : 5 minutes. Parce que 2 minutes c'est trop court et que, 10, c'est trop long. C'est aussi le temps maximum d'attention d'un Executive sans nous interrompre.
- Le ton : direct, cash, voire provocateur. Nous avons l'avantage d'être à l'oral. Nous pouvons nous permettre de dire des choses que nous ne pourrions pas écrire. De plus, les Executives n'aiment pas la langue de bois. Mais direct ne veut pas dire familier. Restons vigilant sur la bonne distance à respecter.
- Le support : le premier support, c'est nous. Le second, c'est le « *whiteboarding* », ce qui consiste à faire un schéma en direct qui appuie notre pitch sur le paperboard, le *whiteboard* ou éventuellement sur notre bloc-notes. Évitez à tout prix les PowerPoint pour un pitch de quelques minutes en face-à-face.

Oui, mais vous allez me dire : « C'est quand même mieux d'avoir un pitch sur mesure en fonction du rendez-vous, plutôt qu'un pitch générique. »

Cela semble relever du bon sens... et pourtant un pitch sur mesure pose deux problèmes :

- Un problème de fond tout d'abord : si le pitch est la mise en scène de notre positionnement, notre positionnement ne dépend pas de l'entreprise ou de la personne qui est en face de nous. Notre positionnement

étant toujours le même, il n'y a pas de raison de l'exprimer de différentes manières en fonction du contexte.
- Un problème de forme ensuite. L'excellence de l'interprétation est une question de répétition et d'entraînement. Improviser, ou *a minima* délivrer une version à chaque fois différente, c'est se mettre dans l'incapacité d'être excellent.

Donc le sur-mesure ne doit intervenir qu'à la marge et sur la base d'un pitch générique parfaitement maîtrisé.

Maîtriser le pitch ne veut pas dire le réciter par cœur. Le résultat serait catastrophique.

À l'instar d'un acteur de théâtre, il s'agit d'incarner un texte, de donner l'impression d'improviser un texte que, en réalité, nous connaissons par cœur. Ce qui suppose évidemment beaucoup de travail, et en particulier de comprendre le raisonnement, d'être convaincu de sa pertinence et de se l'approprier.

En conclusion, le pitch doit être conçu et délivré comme un one-man-show. Il doit embarquer notre interlocuteur, apparaître comme une sorte d'évidence... et déclencher l'intuition que c'est évidemment la bonne approche.

Traiter les objections de l'Executive

Le traitement des objections est un incontournable de la vente.

Elles sont au cœur de la discussion dans le cadre d'un premier rendez-vous. Avoir des objections à traiter est même une excellente nouvelle, c'est une marque d'intérêt de la part de notre interlocuteur, le pire étant de n'en avoir aucune.

Les objections exprimées par l'Executive sont-elles fondamentalement différentes de celles exprimées par les opérationnels ? Non. En revanche, les réponses que nous allons pouvoir émettre sont très différentes : beaucoup plus tranchantes, elles mettent l'Executive face à ses responsabilités, à condition toutefois de respecter une structure de traitement particulière.

Le couple empathie/assertivité

La structure de traitement d'une objection est aujourd'hui bien connue :

- accusé de réception ;
- réponse ;
- contre-question.

Aussi connue que mal comprise, en particulier en ce qui concerne le rôle de l'accusé de réception. La plupart des commerciaux ont un vague souvenir de formation, qui se traduit par au pire un « Je comprends mais... », au mieux par une répétition du style « Vous venez de me dire que... », ce qui n'a absolument aucun intérêt.

Une telle structure ne fonctionne pas parce que l'on demande aux commerciaux de faire une figure imposée complexe dont ils ne comprennent pas la valeur ajoutée. Par conséquent, soit ils ne la font pas, soit ils l'éludent.

Alors à quoi sert l'accusé de réception ? À prouver à l'Executive que nous avons parfaitement compris le sens de sa remarque.

Or répéter ne prouve rien hormis que nous ne sommes pas sourds. Dire « je comprends » ne dit rien de ce que nous avons compris. Il faut en fait aller beaucoup plus loin et verbaliser ce que l'interlocteur n'a pas lui-même verbalisé.

Prenons un exemple concret relaté par une commerciale d'une petite trentaine d'années dans le domaine de l'Executive Search. Le directeur financier Groupe assis en face d'elle lui lance, l'air un peu embarrassé : « Vous savez, je cherche un profil vraiment senior, spécialiste de l'intégration de sociétés et des différents régimes fiscaux sur la zone Europe... »

Après quelques secondes de silence, elle lui répond en débutant de la manière suivante : « J'ai bien compris que vous cherchiez ce type de profil. J'ai bien saisi qu'au-delà des compétences financières et fiscales, vous cherchiez quelqu'un qui ait de l'expérience dans le cadre d'une organisation internationale complexe. Et fatalement, vous me regardez et vous vous dites : "cette jeune femme, qui au passage pourrait être ma fille, a-t-elle la carrure pour me dégotter un profil comme cela ?" Et vous savez quoi : si j'étais à votre place, je me poserais exactement la même question. Alors permettez-moi de vous répondre... »

Cette personne a prouvé qu'elle avait compris le sens réel de la remarque en verbalisant ce que son interlocuteur n'aurait jamais osé dire.

Un tel accusé de réception n'est possible qu'à deux conditions :

- Être certain d'avoir compris ce que l'autre veut nous dire. Ce qui signifie qu'au moindre doute, il faut poser une question de précision. Ou se taire pour laisser à l'autre la possibilité de développer sa pensée.
- Faire preuve d'empathie, c'est-à-dire de la capacité à se mettre à la place de l'autre.

Nous venons de voir ce qu'était un bon accusé de réception... mais nous ne savons toujours pas à quoi il sert.

La finalité de l'accusé de réception n'est pas dans l'accusé de réception, mais dans la réponse, et plus particulièrement dans la forme de la réponse.

Plus nous faisons preuve d'empathie dans l'accusé de réception, plus nous pourrons être assertifs dans la réponse.

À titre d'illustration, pour prolonger l'exemple précédent : « Et vous savez quoi ? Si j'étais à votre place, je me poserais exactement la même question. Alors permettez-moi d'y répondre... J'ai beau avoir un bac+5 en finance, je n'ai pas le niveau du profil que vous recherchez, et ce n'est pas ce que vous attendez de moi. Vous attendez que je vous propose deux excellents profils, ce qui suppose que j'en élimine 98 parmi les 100 que je vais identifier d'ici une semaine. C'est cela mon métier : comparer, éliminer, sélectionner. Et vous savez pourquoi je ne suis plutôt bonne dans ce métier ? Parce que chaque année, j'en rencontre 200 en entretien individuel. Donc sans doute plus que vous sur l'ensemble de votre carrière. »

Clair et efficace. Pertinent et direct. Probablement assez convaincant. Et en tout état de cause, le sujet de la compétence de la chargée de recrutementest est évacué et il est possible de se recentrer sur la compétence réellement attendue.

Évidemment, il serait impossible de débuter avec une telle réponse sans un bon accusé de réception au préalable. Trop direct, trop provocateur. On serait obligé de dégrader la réponse.

Et c'est bien ce qui se passe le plus souvent. Faute d'un accusé de réception, on est contraint d'être fade.

Bref : **à accusé de réception faible, réponse faible. À accusé de réception fort, réponse forte.**

La contre-question, qui permet de reprendre le débat en main, pourra ainsi être également assertive.

Dans la continuité de notre exemple précèdent : « À présent, de deux choses l'une : soit je vous ai convaincu et dans ce cas poursuivons sur le profil que vous recherchez, soit je ne vous ai pas convaincu et on en reste là, ce que je comprendrais parfaitement. Alors dites-moi, on fait quoi ? » (avec un grand sourire)

Pour mémoire, un excellent quitus permet parfois de ne pas répondre et de poser directement une contre-question. Par exemple : « Dites-moi, quand vous allez voir un médecin, vous lui demandez d'avoir déjà eu la maladie pour laquelle vous venez le consulter ? » (toujours avec un grand sourire)

On notera au passage la force des analogies dans le traitement des objections.

La montre et la boussole

Si les objections exprimées par les Executives sont parfois très spécifiques au sujet et ne peuvent donc être traitées ici, la plupart sont génériques quel que soit le contexte.

L'une des plus courantes est : « Ce n'est pas le bon moment. »

Cette remarque est généralement comprise par les commerciaux comme « je veux bien changer… mais plus tard ». Lesquels s'empressent de mettre la pression avec des arguments aussi profonds que « mais si, mais si, c'est le bon moment » et en cherchant à planifier la prochaine étape : « reprenons rendez-vous dans 3 mois ».

Comme si un rendez-vous à 3 mois dans l'agenda d'un Executive avait la moindre chance d'être confirmé.

Obsédés par nos objectifs de signature et le respect de nos prévisions de vente, nous nous focalisons sur le timing et nous passons de la bonne question : l'Executive a-t-il réellement la volonté d'avancer sur le sujet ?

Si la réponse est positive, nous pourrons traiter le timing sur la base de cette volonté affirmée, c'est-à-dire sans pression excessive puisque la finalité est acquise.

Si la réponse est négative, cela signifie que la question du timing est une fausse barbe, donc totalement hors sujet.

Pour prendre le recul nécessaire dans ce type de situations commerciales, je propose la métaphore de la montre et de la boussole.

Nous envisageons la plupart des sujets de notre vie avec un double objectif :

- atteindre notre objectif ;
- le plus rapidement possible.

Le premier objectif relève de la boussole, le second de la montre (fig. 3.8).

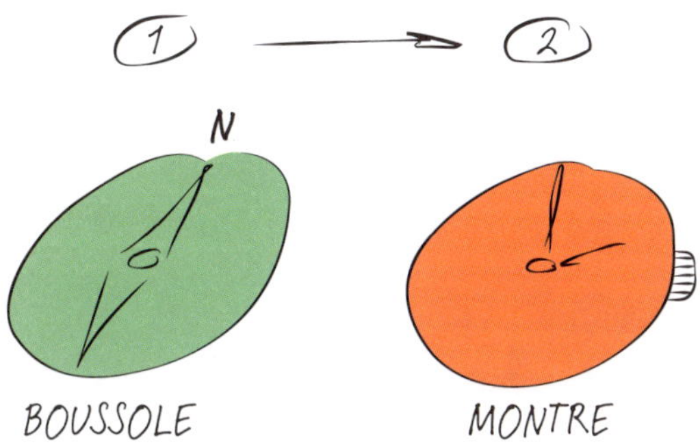

FIGURE 3.8. La montre et la boussole

Or, l'obsession du temps qui passe et la pression managériale nous conduisent souvent à nous focaliser sur la montre et sur le timing. Ce qui n'a fondamentalement aucun sens.

À nouveau, il vaut mieux aller lentement dans la bonne direction que vite dans la mauvaise.

Soit dit en passant, le modèle de vente aux Executives s'inscrit totalement dans cette logique. Aller vite, c'est commencer par rencontrer les opérationnels et mettre rapidement une proposition sur leur bureau. Aller dans la bonne direction, c'est avoir la détermination de rencontrer d'abord l'Executive, même si cela peut prendre plusieurs mois.

Attention, il ne s'agit pas de choisir entre la montre et la boussole. Le timing reste important. Il doit simplement être adressé après la question de la boussole. Les questions doivent être posées dans l'ordre suivant :

- Quelle est l'action qui me rapproche le plus sûrement de mon objectif final ?
- Comment conduire cette action le plus rapidement possible.

Le « quoi » précède toujours le « quand ». Donc à présent, que faire lorsque l'Executive nous parle du timing ? Le recentrer systématiquement sur la boussole, c'est-à-dire sur sa volonté d'adresser le sujet.

- Accusé de réception

Le choix du timing est évidemment crucial.
Et compte tenu de l'actualité récente, il est logique que vous vous disiez qu'il vaut mieux attendre. D'ailleurs, si vous mettez un tel sujet sur la table aujourd'hui, tout le monde va vous regarder bizarrement en interne et vous demander « Tu es sûr que c'est le bon moment ? »

- Réponse

... Le problème, c'est que ce n'est jamais le bon moment.
Ce n'est pas le bon moment aujourd'hui, ce n'était pas le bon moment il y a un an, et je parie que dans un an il y aura à nouveau une bonne raison de se dire la même chose. Si vous attendez que ce soit le bon moment pour adresser ce sujet, vous ne l'adresserez jamais, ou bien trop tard.
En réalité, ce n'est pas la bonne question.

La bonne question est de savoir s'il faut ou non adresser ce sujet. Si la réponse est oui, alors il faut acter cette volonté et se poser la question du timing. Si la réponse est non, alors le sujet du timing est réglé...

- Contre-question

... Alors je vous pose la question : Selon vous, ce sujet, dans votre entreprise, il faut l'adresser, ou pas ?

La contre-question est essentielle : on oblige l'Executive à se positionner à travers une question fermée. La contrepartie à cette pression est que nous lui offrons une porte de sortie à travers le « ou pas ».

Le recentrage sur les priorités

L'exemple de l'objection liée au timing offre un parfait exemple de la manière de traiter quasiment toutes les objections émanant de l'Executive.

En effet, l'objection est l'expression d'un obstacle, d'un frein ou d'une difficulté.

Or, l'Executive a, par définition, le pouvoir de lever ces obstacles. Et c'est précisément la raison pour laquelle c'est lui ou elle que nous voulions rencontrer.

La vraie question est donc : va-t-il décider d'exercer ce pouvoir ? Ainsi, la mécanique de traitement des objections est à la fois simple et imparable.

Voici un florilège des objections les plus courantes.

- **Je n'ai pas les ressources/la bande passante...**

Évidemment, j'imagine que vous n'avez pas une équipe qui est payée à ne rien faire en attendant que tombe un projet. Tout le monde travaille en flux tendu, il n'y a plus de mou dans les entreprises.
Maintenant, comment cela se passe-t-il chez vous ? Ce sont les ressources disponibles qui déterminent les priorités, ou bien les priorités qui déterminent l'allocation des ressources ?
Autrement dit, si vous décidez d'adresser le sujet, je suis convaincu que vous trouverez les ressources d'ici quelques jours ou quelques semaines.
Et si vous ne souhaitez pas l'adresser, la question ne se pose plus.
Du coup, je vous pose la question : avez-vous l'intention d'adresser le sujet, ou pas ?

Le choix des mots est important : on parle « d'intention d'adresser le sujet » plutôt que de « priorité », afin d'exclure la temporalité du champ de la question. En effet, le terme « priorité » est ambigu, dans la mesure où il recouvre tant le « quoi » que le « quand ».

- **Je n'ai pas les compétences en interne...**

Évidemment, et j'imagine que c'est précisément parce que vous n'avez pas les compétences que vous n'avez pas traité le sujet jusqu'à présent. Qui plus est, on parle de compétences très pointues et dont vous avez besoin pour une période transitoire.
Maintenant, comment cela se passe-t-il chez vous ? Ce sont les compétences disponibles qui déterminent les priorités, ou bien les priorités qui déterminent l'accès aux compétences nécessaires ?
Autrement dit, si vous décidez d'adresser le sujet, je suis convaincu que vous trouverez les compétences d'ici quelques jours ou quelques semaines.
Et si vous ne souhaitez pas l'adresser, la question ne se pose plus.
Du coup, je vous pose la question : avez-vous l'intention d'adresser le sujet, ou pas ?

- **Je n'ai pas le budget…**

Évidemment, les budgets sont votés en fin d'année et les règles de bonne gestion imposent de respecter ces engagements jusqu'à l'élaboration du budget suivant. Et j'imagine que vous êtes le premier à rappeler ces principes à vos équipes tout au long de l'année.
Maintenant, comment cela se passe-t-il chez vous ? C'est le budget qui détermine toutes vos décisions pendant un an, ou bien vous avez la souplesse nécessaire pour saisir les opportunités ou faire face aux urgences ?
Autrement dit, si vous décidez d'adresser le sujet, je suis convaincu que vous trouverez le budget nécessaire d'ici quelques jours ou quelques semaines, au moins pour lancer le projet… Et si vous ne souhaitez pas l'adresser, la question ne se posera plus.
Du coup, je vous pose la question : avez-vous l'intention d'adresser le sujet, ou pas ?

Une définition possible de l'Executive : personne qui a le pouvoir d'engager un investissement non prévu au budget.

- **Voyez cela avec mon n–1**

Évidemment, lorsque nous allons aborder les aspects opérationnels, nous allons travailler avec lui. J'imagine qu'il est compétent et qu'il aura du temps pour cela contrairement à vous. Vous n'être bien sûr pas là pour rentrer dans le détail mais pour donner les impulsions.
Maintenant, qui va prendre la décision d'allouer de la bande passante pour explorer le sujet dont nous parlons ?
Autrement, si vous décidez de creuser le sujet, nous allons avancer avec lui. Et si vous ne souhaitez pas le creuser, inutile de lui faire perdre du temps (et à nous non plus).
Du coup, je vous pose la question : souhaitez-vous creuser le sujet, ou pas ?

L'enjeu ici est de distinguer la volonté sincère d'avancer, qui justifie de travailler avec le n–1, d'une fausse barbe visant à se débarrasser de nous.

Lever les tabous

La culture commerciale conduit à considérer certains sujets comme tabous, en particulier au début du cycle de vente. D'aucuns arguent que parler des coûts et des risques pourrait faire peur... C'est oublier que nous discutons « entre grandes personnes ».

Ne pas parler de ces sujets au début, c'est prendre le risque d'en parler plus tard, en mode défensif, et après avoir engagé des ressources commerciales et d'avant-vente. **Si le projet ne doit pas se faire, autant le savoir le plus tôt possible.**

À l'inverse, mettre ces sujets spontanément sur la table est synonyme de transparence : cela crée de la confiance.

Le tabou du budget

Il est habituel que l'Executive se pose la question de l'investissement nécessaire très tôt dans son processus de réflexion. C'est pour lui une information capitale qui lui permet de qualifier le potentiel projet parmi trois catégories :

- Pas de souci, on peut avancer.
- Ça va être compliqué mais c'est possible.
- C'est impossible.

À ce stade, il n'a pas besoin d'un chiffre précis. Plutôt d'un ordre de grandeur, d'une fourchette. Parfois, le nombre de zéro lui suffit : est-ce que l'on parle d'un projet à 50 000, à 500 000 ou à 1 million d'euros ? D'ailleurs, il ne demande pas « Dites-moi très précisément combien cela coûte ? », mais plutôt : « *Grosso modo*, cela va chercher dans les combien si l'on met cela en place chez nous ? »

Le fait qu'il mette ce sujet sur la table est même une excellente nouvelle : c'est un signe d'intérêt, même s'il est sans doute trop tôt pour parler de « signal d'achat ».

Ce qui est paradoxal, c'est que plutôt que d'accueillir cette question de manière positive, la plupart des commerciaux sont très embarrassés… et font un refus d'obstacle.

La réponse classique est « Je ne peux pas vous répondre, cela dépend de plusieurs facteurs. » « Je m'en doute que ça dépend… ce n'est pas ma question ! » fulmine l'Executive en son for intérieur.

Ou pire : « Précisément, je vous propose d'avancer et de faire une analyse détaillée, ce qui suppose de conduire plusieurs entretiens en interne chez vous. » Et l'Executive d'expliquer qu'il n'y aura aucun entretien avec qui que ce soit, et donc aucune communication en interne avant qu'il ait décidé d'avancer sur le sujet, ce qui suppose précisément… de lui indiquer un ordre de grandeur de l'investissement.

De fait, le refus de répondre soulève potentiellement deux questions dans l'esprit de l'Executive :

- Ont-ils vraiment l'expérience du sujet ? La personne en face de moi est-elle compétente ?
- Pourquoi ne sont-ils pas à l'aise avec leurs prix ? Ont-ils tant de mal que cela à les justifier ?

Et cela suffit à détruire en quelques secondes toute la confiance accumulée jusque-là…

Mais pourquoi les commerciaux refusent-ils de répondre ? Pourquoi ce mythe selon lequel ils doivent remettre les prix le plus tard possible dans le processus de vente ? C'est généralement quelque chose que nous avons appris en formation et qui correspond à une certaine pratique de la vente de valeur, basée sur la démonstration du ROI.

Dans cette logique, l'investissement se justifie par un retour sur investissement. Par conséquent, on ne communique pas sur l'investissement tant que l'on ne peut pas calculer le ROI. Ce qui est effectivement impossible à ce stade.

Or nous avons vu dans le premier chapitre que la vente de valeur, qui est aujourd'hui une vente de changement, n'est plus « drivée » par le ROI. Le ROI sert seulement de justification *a posteriori* à une décision qui est en réalité commandée par les impératifs de transformation, donc de survie.

Le *business case* du changement, ce n'est plus le ROI : c'est la survie. Il est donc nécessaire de répondre aux questions des Executives sur le sujet le plus tôt possible, voire de prendre les devants et de mettre le sujet sur la table à notre initiative. En posant par exemple la question suivante : « J'imagine que c'est un détail pour vous... mais peut-être souhaitez-vous que je vous donne un ordre de grandeur de l'investissement ? »

Oui, mais vous allez me dire que l'on n'est pas toujours en mesure d'annoncer un prix...

C'est exact. Le prix dépend parfois de nombreux paramètres que nous ne connaissons pas à ce stade : périmètre de la solution, nombre d'utilisateurs, durée du contrat (par exemple pour une solution en mode SaaS).
Il est cependant paradoxal de constater que certains commerciaux tiennent ce discours avec conviction, tout en renseignant un chiffre très précis dans leur *forecast*...
En vérité, nous sommes toujours en mesure de donner un ordre de grandeur. Selon les situations, cette fourchette pourra être étroite, large... ou très large. Parfois, nous sommes juste capables de donner un ordre de grandeur allant de 1 à 10.
Ce n'est pas grave, à condition d'expliquer pourquoi.
Le principe est donc de répondre avec honnêteté.

Le tabou des risques

Tout comme nous pouvons être réticent à parler du budget, nous pouvons l'être encore plus lorsqu'il s'agit d'évoquer les risques inhérents à notre projet.

Or il n'y a pas de projet de transformation sans risque. La transformation impacte immanquablement tant les processus que les individus. On ne conduit un tel projet sans rencontrer des freins, des résistances et des obstacles. L'Executive le sait, et c'est d'ailleurs l'une des raisons qui peut l'inciter à maintenir le statu quo.

Dans ce contexte, le premier réflexe est d'occulter les difficultés, de ne pas en parler ou de les minimiser si elles venaient à être évoquées. C'est en réalité une erreur. Tout sujet de fond qui n'est pas traité au début du cycle de vente réapparaît plus tard et s'avère plus compliqué à gérer. Ici encore, la meilleure défense, c'est l'attaque.

Ainsi, il est judicieux de mettre ce sujet sur la table, à notre initiative. Avec pour objectif non pas d'inquiéter mais de prévenir. En effet, il est probable que ce soit le premier projet de transformation que conduise le client sur ce sujet précis. À l'inverse, nous avons sans doute l'expérience de dizaines, voire de centaines, de projets similaires en tant que prestataire. Nous sommes donc en mesure de proposer un benchmark et un retour d'expérience.

L'idée est concrètement de mettre sur la table un ou deux points de vigilance. Ces points de vigilance concernent bien sûr le client, sachant que de notre côté on présume que, par définition, tout est sous contrôle...

Quels sont ces points de vigilance ? Quelles sont les principales causes d'échec des projets de transformation ? Elles sont multiples et se classent en deux catégories :

- **La gouvernance**

Elle se définit comme tout ce qui relève de la direction et du pilotage de projet. Voici quelques exemples :

  - Le profil du directeur de projet côté client : plutôt qu'un junior compétent, il faut parfois quelqu'un ayant l'autorité et la reconnaissance en interne pour faire avancer les sujets et recadrer si nécessaire.

- La définition et la mise en place de KPI intermédiaires liés au projet lui-même, avec évidemment le reporting adapté.
- L'allocation des ressources nécessaires en termes de personnes et de temps. Les timings dérapent presque toujours du fait du client et non du nôtre.

- **Le *change management***

Il se définit comme l'accompagnement au changement. Les programmes classiques de « *change* » se résument à une dose de communication en amont, un zeste de formation en aval, pour un résultat prévisible : pas d'adhésion, pas d'adoption. Il convient donc d'aller plus loin, avec par exemple les points suivants :

- L'Executive Ownership, version avancée de l'Executive Sponsorship. L'idée est que l'Executive communique clairement et dès le début sa détermination et son engagement personnel à conduire ce projet à son terme et dans les délais. Avec l'objectif caché de limiter au maximum les éventuelles velléités individuelles de s'opposer au projet.
- Une présentation en Codir, afin de valider l'alignement stratégique de la direction de l'entreprise autour du projet.
- L'implication des managers de terrain, ce qui suppose de les intégrer dès l'amont du projet, pas aux seules fins de communication, mais surtout pour prendre en compte leurs remarques dans la construction de la solution.

Évidemment, il ne s'agit en aucun cas de mettre tous ces sujets sur la table. Un – maximum deux – suffit, au risque de réellement faire peur.

À quel moment évoquer ces risques et les réponses associées ? Quand le prospect commence à se projeter. Avant, ce serait prématuré et pourrait même être contreproductif. En revanche, cette discussion prend tout son sens dès lors que le prospect commence à poser des questions concrètes relatives au budget, au planning ou aux ressources.

En conclusion, quels sont les avantages d'évoquer ces sujets, qui à première vue, ressemblent à de « l'anti-vente » ?

- **Créer de la confiance**

Parce que cela ressemble effectivement à de l'anti-vente, l'évocation des risques contribue à nous positionner comme consultant et non comme vendeur. L'Executive se dit : « Tiens, voici quelqu'un qui ne cache pas la poussière sous le tapis, qui met les vrais sujets sur la table, c'est rassurant. »

C'est probablement, de toutes les interactions commerciales, celle qui crée le plus de confiance.

- **Déminer des problèmes potentiels**

Au-delà de l'impact commercial, il s'agit de résoudre par anticipation des difficultés qui sont objectivement susceptibles de se produire. Un déficit d'adhésion ou un chef de projet manquant de légitimité sont réellement des causes potentielles d'échec.

Il s'agit donc de choisir le ou les deux sujets qui ont le plus de sens au regard de chaque projet et de chaque client.

Chapitre 4

Transformer les pratiques

Ce n'est pas parce que c'est difficile que nous n'osons pas. C'est parce que nous n'osons pas que c'est difficile.

SÉNÈQUE

Adopter la bonne posture

Être convaincu de la nécessité d'engager avec les Executives est une chose. Le faire en est une autre. Vendre aux Executives est un enjeu d'exécution.

Je rencontre tous les jours des commerciaux qui savent qu'ils devraient le faire… et qui ne le font pas. Ils sont pourtant intelligents, ambitieux et travailleurs.

La première difficulté est de s'imaginer seul dans un bureau avec un Executive. Suis-je légitime malgré la différence d'âge ? Ai-je le pouvoir de convaincre un homme ou une femme de pouvoir ? Va-t-il/elle voir clair dans mon jeu et anticiper mes ficelles de commercial ? Autant de questions qui sont susceptibles de nous tétaniser et de nous faire passer à côté de notre prestation.

Le problème de ces questions, c'est que ce ne sont pas les bonnes :

- **Suis-je légitime malgré la différence d'âge ?**

Légitime, nous le sommes toujours dès lors que notre employeur a considéré que nous étions capables de faire ce job. La vraie question est plutôt : suis-je crédible ? Ai-je suffisamment de fond pour tenir une conversation ? Suis-je moi-même convaincu que j'ai suffisamment de fond ?

Ce n'est donc pas une question d'âge. On peut être crédible à 30 ans et absolument pas à 50. C'est une question de travail et de confiance en soi.

- **Ai-je le pouvoir de faire changer d'avis un homme ou une femme de pouvoir ?**

Rappelons-nous que nous vendons du changement et de la transformation. Notre approche est donc probablement nouvelle pour notre interlocuteur. Il y a donc de grandes chances qu'il n'ait pas d'avis particulier sur le sujet et qu'il soit très à l'écoute.

Ensuite, s'il a un avis tranché, il est effectivement assez peu probable qu'il en change. Et paradoxalement, ce n'est pas grave. Car nous n'avons en réalité rien à vendre.

- **Va-t-il/elle voir clair dans mon jeu et anticiper mes ficelles de commercial ?**

Évidemment oui. Il ou elle en a vu suffisamment pour nous voir venir de loin. **La bonne idée est peut-être d'arrêter de jouer au commercial...**

En réalité, ces questions renvoient à notre positionnement personnel et à notre posture dans le cadre d'un entretien avec un Executive.

Les mauvais réflexes

Cela a généralement commencé à l'âge de 5 ans, lorsque nous jouions à « la marchande » et que nous amusions à reproduire les comportements des commerçants et des acheteurs, ce qui s'est parfois amplifié une fois adulte avec les formations aux techniques de vente.

À l'arrivée, nous nous sommes parfois construit une posture totalement artificielle de commercial. Il y a quelques années, ma compagne m'a fait la remarque suivante : « Chaque fois que je t'entends avec un client au téléphone, tu changes ta manière de parler. » Je ne m'en étais même pas rendu compte.

Cette posture inconsciente s'appuie sur deux piliers :

- **L'enthousiasme « surjoué »**

Mettons-nous deux secondes à la place de l'Executive qui reçoit dans son bureau quelqu'un qu'il voit pour la première fois... et qu'il est susceptible de ne jamais revoir. Cette personne arrive avec un enthousiasme difficile à expliquer. On dirait un gagnant du gros lot qui vient chercher son chèque à la Française des Jeux. Bizarre.

Surtout, il y a ce sourire jusqu'aux oreilles. Pas souvenir d'avoir vu quelqu'un d'aussi heureux depuis longtemps. Mais heureux de quoi, au fait ? C'est suspect.

Du coup, en tant qu'Executive, je me pose la question suivante : ai-je l'air idiot au point de me laisser abuser par un sourire ou un dynamisme surjoué ? Franchement...

C'est dommage, parce que l'on veut créer de la confiance et que l'on crée de la méfiance.

Il est intéressant de constater que les seuls qui se conduisent ainsi sont les commerciaux et les demandeurs d'emploi, c'est-à-dire ceux qui ont quelque chose à vendre.

- **La soumission**

C'est l'étape suivante lorsque l'on a justement quelque chose à vendre. Encore une fois, cette soumission est le plus souvent totalement inconsciente.

Sur ce sujet, ce sont les mots, plus que notre attitude corporelle, qui nous trahissent.

L'emploi inconsidéré du conditionnel (j'aimerais) ou, pire encore, du futur antérieur (j'aurais aimé) est une manière d'exprimer que nous sommes soumis à l'hypothétique bon vouloir de notre interlocuteur.

La multiplication des « petits » dans une conversation est souvent le symptôme d'un manque de confiance et d'une volonté de ne pas déranger : « J'aimerais commencer par quelques petites questions, ensuite je vous ferai une petite présentation... » S'ensuivront « une petite proposition » et, naturellement, « une petite remise » !

Mais la palme de la soumission inconsciente revient incontestablement à l'usage du mot « merci ». La moitié des entretiens avec un Executive débute par un « merci de me recevoir », ou pire encore « merci pour votre temps » (sous-entendu « qui est plus précieux que le mien »). Lors d'un exercice de mise en situation, en training, un participant m'a dit cinq fois « merci » au cours des 60 premières secondes de l'entretien, soit un « merci » toutes les 12 secondes en moyenne. Et le plus extraordinaire est qu'il ne s'est pas entendu le dire une seule fois !

Cette déformation est souvent liée à notre bonne éducation et à l'intention de créer un climat positif, ce qui est tout à fait possible et souhaitable, à condition d'être vigilant au choix des mots.

Par exemple, on peut remplacer « merci de me recevoir/de votre temps » par un « Je suis ravi que nous ayons pu enfin faire coïncider nos agendas respectifs... »

Oui, mais vous allez me dire que remercier est la moindre des politesses !

Le mot « merci » s'utilise en effet pour exprimer sa gratitude envers quelqu'un à la suite d'un service rendu.
Mais l'Executive qui nous reçoit le fait-il pour nous rendre service ? En aucun cas. Il nous reçoit en espérant apprendre quelque chose et ne pas perdre son temps. Il n'a donc que faire de notre gratitude, qu'il pourrait même prendre pour un malentendu.
À titre d'analogie sur le plan personnel, imaginons que vous soyez invité à dîner par une personne qui cherche à l'évidence à vous séduire et que vous ne connaissez à peine. À peine assise, cette personne vous déclare : « Tout d'abord, je voulais te remercier d'avoir accepté ce dîner avec moi... »
... ??? ... De rien, suivant...
Pour faire simple, nous ne sommes jamais redevables dans une relation commerciale. Ni d'un rendez-vous ni *a fortiori* d'une signature de contrat. Le client ne fait pas cela pour nous rendre service. Nous n'avons donc aucune gratitude à exprimer.
Conclusion : on ne dit jamais « merci » dans une relation commerciale.

Enthousiasme et soumission sont les deux facettes d'une posture de courtisan, laquelle est liée à une lecture biaisée du processus de vente : pour séduire, nous devrions plaire.

C'est l'héritage de la vente de commodités : toutes choses égales par ailleurs, la différence se joue sur le prix et sur le « capital séduction » du commercial. Et autant cela fonctionne à merveille pour la vente de commodités aux opérationnels, autant c'est hors-sujet pour la vente de valeur aux Executives.

De la vente à l'alignement

La pire posture pour aborder un rendez-vous avec un Executive est certainement de se dire que nous sommes là pour lui vendre quelque chose.

On ne vend rien à un Executive. Dans le meilleur des cas, on peut influencer sa perception du sujet et le motiver à lancer une réflexion.

Se dire que l'on doit « vendre » à un Executive, c'est créer de toutes pièces dans notre esprit une alternative entre deux impasses :

- L'impasse de la soumission, que nous venons de voir, et qui nous décrédibilise.
- L'impasse de la conviction.

Il existe une idée tenace selon laquelle un entretien de vente sert à argumenter et à convaincre. Et donc à pousser notre interlocuteur à prendre une décision qui nous soit favorable, ce qui fonctionne rarement avec qui que ce soit, et encore moins avec les Executives.

Certes nous devons expliquer et argumenter. Proposer des *insights* et de nouvelles perspectives. Éclairer sous un angle nouveau des sujets déjà connus. En mettre en lumière de nouveaux. C'est effectivement notre job.

Mais aller plus loin est une erreur. **Les Executives ont une chose en horreur : qu'on leur force la main.**

Donc mettre des éléments de réflexion sur la table, oui. Induire les décisions à prendre, non. Dire « Notre conviction est que le marché évolue dans telle direction... », oui. « Vous devriez faire ceci sans tarder... », non.

Convaincre, c'est vaincre. Avec cette idée sous-jacente que l'un aurait raison et donc que l'autre aurait tort. Ce qui suppose un rapport de force. Et ce n'est pas une très bonne idée avec un Executive. Chercher à convaincre un Executive est donc un exercice qui peut s'avérer épuisant et stérile.

Soumission et conviction ont en commun de considérer la relation avec l'Executive comme un rapport de force. Or, ce rapport de force n'a pas lieu d'être. D'autant qu'à ce stade de la relation commerciale, il y a peu de chance qu'il soit à notre avantage.

Bonne nouvelle : il y a une manière très différente d'appréhender ce rendez-vous, qui nous permet de nous affranchir de tout rapport de force et de construire une relation équilibrée.

Revenons aux basiques. Oublions les individus. Quels sont les sujets de fond ?

- **Une proposition de valeur**

Nous arrivons avec notre proposition de valeur. C'est le fruit d'une vision et de l'histoire de notre entreprise. Elle traduit un positionnement sur le marché. Elle a par définition beaucoup de sens pour certains clients, beaucoup moins pour d'autres. Et cette proposition de valeur n'a pas vocation à s'adapter, autrement qu'à la marge, aux besoins spécifiques d'un client.

- **Une feuille de route**

L'Executive nous reçoit avec sa feuille de route. Il a des objectifs précis et un timing précis. Aucun des deux n'est négociable et il devra rendre des comptes. Un prestataire est une ressource potentielle parmi d'autres pour exécuter cette feuille de route.

Dès lors, la seule question qui vaille est : quel est le niveau d'alignement entre notre proposition de valeur et la feuille de route du client ?

Deux cas de figure peuvent se présenter (fig. 4.1) :

- Les deux sont alignés. Ou plus exactement à peu près alignés. Formidable, il est probable que l'on puisse faire un bout de chemin ensemble. La vente devrait être relativement simple, et la collaboration délivrer de la valeur pour le client et donc pour nous. Cet alignement est synonyme de revenu et de marge.
- Les deux ne sont pas alignés. La tentation est de forcer cet alignement ou, plus exactement, la perception que le client en a. De faire une vente « au forceps ». Avec le risque que le client découvre

ce désalignement après quelques mois d'avant-vente, et que l'on perde en six mois ce que l'on aurait pu perdre en une heure. Le pire étant qu'il signe. Et là, bon courage pour délivrer la valeur promise...

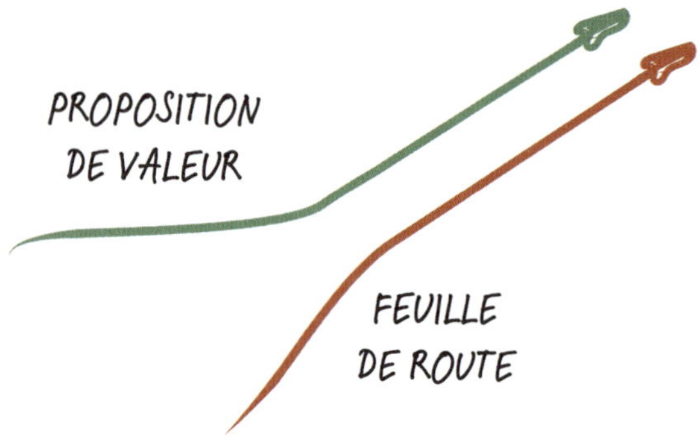

FIGURE 4.1. L'enjeu d'alignement

Le seul enjeu d'un premier rendez-vous avec un Executive est d'évaluer le niveau d'alignement. Sans artifices, faux-semblants ou tours de passe-passe. Avec honnêteté, intégrité et rapidité, posture qui enlève immédiatement de la pression à tout le monde :

- nous ne sommes pas là pour lui plaire ;
- il ou elle n'est pas là pour nous faire plaisir.

Et maintenant que les choses sont claires sur le fond, ce qui n'empêche pas de passer un moment agréable...

L'art subtil de l'assertivité

La posture commerciale classique conduit parfois à une sorte de dictature de l'empathie, qui n'est en réalité qu'une façade.

Ici encore, l'empathie est rarement sincère et relève souvent de la posture du courtisan. En substance : « Je compatis à tous vos soucis, dont en réalité je me contrefiche tant que cela ne décale pas la date de signature... »

De plus, à force de se mettre à la place de l'autre, on en oublierait de jouer notre propre partition. Car en réalité ce n'est pas tant l'empathie elle-même qui pose problème que l'absence de contrepoids.

Ce contrepoids prend le nom d'assertivité, c'est-à-dire la capacité à dire ce que l'on pense de manière à la fois claire et non violente. La meilleure définition que je connaisse est celle d'Isaac Newton : « *The art of making a point without making an enemy* » (le don de faire mouche sans s'attirer les foudres).

L'assertivité est un exercice difficile lorsqu'il s'agit d'affirmer une position non consensuelle ou d'afficher un désaccord avec notre interlocuteur. Les solutions de facilité sont soit de ne rien dire, soit de mettre tellement de forme que le fond disparaît. Surtout ne pas faire de vague. Rester quelqu'un de sympathique.

Ce n'est pas exactement ce qu'un Executive attend de nous.

L'Executive a une feuille de route à suivre, des changements à opérer et des décisions à prendre. Dans ce contexte, il attend des conseils avisés de personnes en qui il peut avoir confiance. Concrètement, il demande à ses interlocuteurs :

- De challenger ses choix, ses points de vue et ses certitudes. Il est prêt à entendre que son raisonnement repose sur un paradigme qui est en train de changer.
- De lui offrir de nouvelles perspectives, de nouvelles options, de nouvelles solutions. Il est prêt à découvrir de nouvelles manières d'adresser le sujet.

Autant de choses que l'on attend généralement non pas d'un commercial, mais d'un consultant. Que l'on paie d'ailleurs très cher...

Et si ce consultant, c'était nous ?

Sommes-nous compétents ? Évidemment, oui.

Sommes-nous légitimes ? Oui, à la condition d'évacuer le seul frein à cette légitimité : le fait que nous soyons juge et partie. Ce qui suppose d'exprimer très clairement que nous n'avons absolument aucun intérêt à inciter le client à faire un choix qui n'est pas dans son propre intérêt. Avant tout pour une question de réputation, qui est devenue un enjeu vital.

Conduisons-nous donc plus comme des consultants que comme des commerciaux. La différence est très simple : **un commercial pose des questions, un consultant aide le client à se poser les bonnes questions en apportant des *insights*.**

Un tel positionnement n'est possible qu'à deux conditions :

- Avoir des convictions. Ces convictions doivent s'appuyer soit sur des faits, des preuves, des *track records*, soit sur un raisonnement très solide. Bref, il faut avoir du fond.
- Avoir le courage d'exprimer ses convictions. Ce qui renvoie à l'assertivité. Qui n'est rien d'autre qu'une question de courage.

Oui, mais vous allez me dire : « Être assertif face à un Executive, c'est quand même risqué ! »

Challenger un homme ou une femme de pouvoir, n'est-ce pas prendre le risque de monter sur le ring et d'en redescendre dans une civière ?
Le risque n'est jamais nul. Il est cependant très limité.
Avant tout parce que les assertifs ont tendance à respecter les assertifs... et à « marcher » sur les autres. Mêmes s'ils ne sont pas d'accord sur le fond, ils sont respectueux du fait que l'on puisse avoir des convictions.
À condition cependant de respecter un minimum de forme, ce qui suppose un minimum d'empathie. Et je précise, d'empathie « sincère ». Ici encore, l'empathie ne s'oppose pas à l'assertivité ; elle la rend possible. Être assertif sans empathie, c'est très vite passer pour quelqu'un de brutal ou d'arrogant.

Le pouvoir de l'incarnation

Une des questions les plus fréquentes dans ce métier est : peut-on vendre un produit ou un service auquel on ne croit pas ou auquel on est indifférent ?

Assurément pas.

Pour les mêmes raisons qu'un acteur ne saurait jouer un rôle auquel il ne croît pas.

Vendre n'est pas un métier comme un autre. C'est un métier dans lequel on transmet des convictions et une émotion. C'est donc un métier incarné, au même titre que celui d'enseignant, de responsable politique, d'avocat, ou de chef d'entreprise. Malgré la volonté des entreprises de niveler par les process et de faire en sorte que personne ne soit indispensable, un commercial n'est jamais totalement substituable à un autre.

« *People buy from people* », disent les Anglo-Saxons. Certes, le client achète tout à la fois une solution, une marque, une équipe et pas seulement un commercial. Mais cette vente aurait-elle eu lieu sans l'étincelle qui a jailli de la rencontre de l'Executive et du commercial ? Probablement pas.

Le commercial, partie intégrante de la valeur

Qu'est-ce que l'incarnation ? Au départ, une vieille histoire judéo-chrétienne : « le Verbe s'est fait chair » qui fait écho à « Au commencement était le Verbe » (Évangile selon saint Jean).

Interprétation libre de l'auteur : dans l'incarnation, il n'y a pas l'épaisseur d'une feuille de papier à cigarette entre ce que l'on pense et ce que l'on dit. À ne pas confondre avec le charisme, qui est l'exercice d'un pouvoir, potentiellement manipulateur, à travers des techniques de prise parole. Pour faire simple, l'incarnation est une question d'alignement interne ; le charisme, une technique de séduction des autres.

Autant le charisme est utile dans le contexte d'une présentation, où le speaker est le seul à parler, autant l'incarnation est absolument nécessaire dans le cadre d'une conversation qui suppose une grande part d'improvisation.

Car c'est bien l'enjeu. Comment improviser ? Comment conduire une conversation, dont par définition on ne peut présager ni de la totalité des thèmes abordés ni de leur ordre d'apparition à l'écran ? Autrement dit, comment raisonner et s'exprimer en temps réel sans dire trop de bêtises face à un Executive, avec le stress que suppose ce type de situation ?

Il y a en réalité deux sortes d'improvisation en vente : la fausse et la vraie.

- **La fausse improvisation**

Ce sont toutes les « répliques » et les interventions que l'on a pu préparer en avance : démarrage de rendez-vous, pitch, traitement des objections, etc.

Toute improvisation comportant une part de risque, ne prenons pas de risque inutile. Tout ce qui est reproductible doit être industrialisé. C'est la condition de l'excellence et du professionnalisme.

Bien sûr, cela ne doit pas se voir. C'est d'ailleurs l'un des secrets les mieux gardés des meilleurs commerciaux : **donner l'impression d'improviser des séquences qu'en réalité ils connaissent par cœur.** Au même titre qu'un acteur de théâtre, dont on a du mal à imaginer qu'il a commencé à apprendre son texte par cœur.

Attention, l'apprentissage par cœur n'est qu'une étape, pas une finalité. Même pour les séquences apprises par cœur, l'incarnation apporte un « supplément d'âme » et fait la différence entre un bon et un excellent commercial (tout comme entre un bon et un excellent acteur).

- **La véritable improvisation**

Tout n'est pas anticipable. Il faut donc parfois vraiment improviser.

C'est ici que l'incarnation, cet alignement intime entre ce que l'on pense et ce que l'on dit, prend tout son sens.

Il est extrêmement difficile de mentir en direct. On finit toujours par se trahir. Une phrase, un mot, une intonation, un geste... et l'autre sent que quelque chose ne va pas. L'intuition (négative, en l'occurrence) est en marche et rien ne l'arrêtera.

C'est beaucoup plus simple de dire la vérité. Ce qui suppose que cette vérité sur notre entreprise et notre solution... soit également « notre » vérité. L'incarnation, cet alignement interne, devient alors une sorte de « garde-fou tout terrain ».

Et si ce n'est pas le cas, mieux vaut en tirer les leçons et changer d'entreprise, ce qui vous évitera de souffrir de ce manque d'alignement et d'être par conséquent un piètre commercial.

Oui, mais vous allez me dire : « Rien ne vaut la véritable improvisation, c'est quand même plus naturel. »

J'entends régulièrement des commerciaux arguer que la préparation nuirait à leur talent naturel.
En vérité, je me suis toujours demandé s'ils le pensaient vraiment, ou si c'était une excuse pour s'économiser un travail parfois fastidieux de préparation et d'entraînement.
Évidemment, se préparer n'est la partie la plus amusante du job. Apprendre un texte par cœur nous renvoie souvent à nos pires souvenirs scolaires.

C'est pourtant la condition même de l'improvisation. C'est parce que l'on est parfaitement préparé que l'on peut se permettre de sortir du cadre pour mieux y revenir.
Les *jazzmen* le savent bien, qui disent qu'il faut 20 ans de pratique avant de commencer à improviser. Les membres des « Forces Spéciales » aussi, qui expliquent qu'ils improvisent à chaque seconde... sur la base de milliers d'heures d'entraînement qui ont créé des réflexes.
De plus, la préparation nous protège des états d'âme et des secousses de la vie. On n'est jamais à l'abri d'une dispute avec son conjoint ou d'une mauvaise nuit juste avant un rendez-vous crucial. Ce contexte négatif va créer un « déficit d'incarnation » qui va rendre l'improvisation plus difficile.

En conclusion :

La préparation n'est pas une fin en soi. L'objectif final n'est pas d'être préparé, c'est d'être prêt. **Et l'on est prêt... lorsque cela ne se voit plus que l'on s'est préparé.**

Il convient de préparer tout ce qui peut l'être... et d'incarner le reste.

La fabrique de la confiance

Pas de business sans confiance.

La confiance est une décision et un choix de notre interlocuteur : il l'accorde, ou pas. Ce choix est parfois conscient (nous méritons sa confiance), parfois inconscient (nous lui inspirons confiance), et toujours intuitif. Il lui faut finalement assez peu d'informations pour se positionner vis-à-vis de nous sur ce terrain de la confiance.

Nous retrouvons ici la puissance de l'intuition évoquée précédemment.

La fabrication de la confiance est d'autant plus cruciale qu'elle est très engageante dans la durée. Si nous parvenons à gagner la confiance de notre interlocuteur, c'est-à-dire s'il fait le choix de nous l'accorder, il devient très difficile pour lui de revenir en arrière puisqu'il se contredirait ou avouerait une erreur de jugement. Nous bénéficions de l'effet positif du fameux biais de confirmation : quand nous nous sommes fait une opinion, nous nous focalisons sur les seules informations qui confirment celle-ci.

La question est donc : comment créer de la confiance avec un Executive dès les premières interactions, en particulier lors du premier rendez-vous ?

Il existe deux leviers qui fabriquent simultanément de la confiance. Nous allons voir comment les utiliser :

- **Je dis ce que je pense**

Nous retrouvons naturellement ici tout ce qui relève de l'assertivité et de l'incarnation : capacité à prendre position, à exprimer des convictions, à challenger notre interlocuteur.

Dans le cadre d'un premier rendez-vous, on peut même imaginer mettre volontairement un point de désaccord sur la table. C'est une manière de faire passer un message : je ne suis pas là pour vous dire ce que vous avez envie d'entendre et j'ai le courage de dire ce que je pense. Ne soyons pas kamikaze pour autant, l'idée est de faire porter ce désaccord sur un point secondaire...

La fabrication de la confiance relève également de signaux faibles, non verbaux. En particulier, regarder notre interlocuteur dans les yeux au moment précis où l'on se dit bonjour, est crucial. En plongeant son regard dans le nôtre pendant 3 secondes, avant même d'être assis, l'Executive saisit déjà l'essentiel : nous sentons-nous prêts ? Nous sentons-nous légitime ? Sommes-nous en confiance ?

Celui qui a confiance en lui inspire confiance...

- **Je fais ce que je dis**

L'exercice peut sembler ici plus difficile : comment aligner nos actes avec nos paroles, alors que précisément dans un entretien, il n'y a que des paroles… ?

Cela commence évidemment par le fait d'arriver à l'heure. Et de tenir ses engagements : envoyer les éléments dans le temps imparti à la suite de la réunion.

On peut aussi s'amuser à prendre volontairement un engagement dans le but de montrer qu'on le tient : par exemple en début de réunion, au moment où l'on valide le timing, s'engager à finir 5 minutes plus tôt pour ménager quelques instants de battement avant la réunion suivante. Ce dernier point est particulièrement apprécié lors de réunions à distance, qui s'enchaînent souvent sans temps mort. Attention : vigilance absolue sur la montre pour tenir l'engagement de timing.

Piloter le rendez-vous Executive

Le premier rendez-vous avec l'Executive constitue le moment de vérité.

C'est un événement à « haute intensité », au sens où les militaires parlent de conflit à haute intensité, avec un objectif bien sûr très différent.

La durée moyenne d'un premier rendez-vous est de 30 minutes en distanciel et de 45 minutes en présentiel. Dans tous les cas, en moins d'une heure, nous serons fixés, avec une seule alternative en conclusion :

- Soit il n'y a pas d'alignement et on en reste là.
- Soit il y a un alignement, qui débouche sur une réflexion, qui débouchera éventuellement sur un projet. Et dans ce cas de figure favorable, nous pouvons raisonnablement considérer que nous avons

fait en moins d'une heure environ 50 % du chemin qui conduit à la signature d'un contrat. Il faudra parfois des mois et des centaines d'heures d'avant-vente pour réaliser les 50 % restants (fig. 4.2).

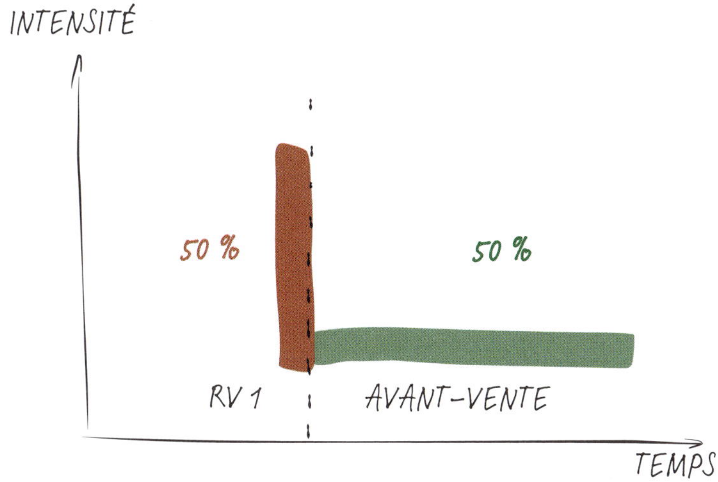

FIGURE 4.2. Du premier rendez-vous à l'avant-vente

Dans les deux cas figure, ce rendez-vous est décisif. Quel en est l'objectif ?

Évidemment, ce n'est pas de vendre. Nous entamons un processus qui va durer des semaines ou des mois, et nous n'arrivons pas avec un bon de commande sous le bras.

Comme nous l'avons vu, l'objectif est d'évaluer le niveau d'alignement. Ce qui signifie que dans l'option la plus favorable, à l'issue du rendez-vous, l'Executive doit se dire et nous dire trois choses :

- J'ai compris la valeur que vous proposez (et éventuellement ce n'est pas exactement ce que j'avais en tête avant de vous recevoir).
- Cela a du sens au regard de ma feuille de route.
- Je décide de creuser le sujet.

Le chemin pour parvenir à ce résultat s'appelle une conversation. Une conversation est un échange d'information entre deux individus. Dans le cas présent :

- Nous allons apporter des informations sur notre proposition de valeur (l'Executive Value Pitch, le budget, le planning, les risques notamment).
- L'Executive va apporter des informations sur sa feuille de route.
- Nous allons traiter, à travers les objections, les points de non-alignement apparents.

En termes de contenu, tous ces points ont été traités dans le chapitre précédent.

La question qui se pose à présent est : dans quel ordre et à l'initiative de qui ?

En finir avec la phase de découverte

Depuis 50 ans, tous les modèles de vente et toutes les formations commerciales B to B de ce côté-ci de la galaxie nous expliquent qu'un premier rendez-vous doit impérativement débuter par une phase de découverte des besoins.

C'est le modèle de vente « Solution Selling » (fig. 4.3).

FIGURE 4.3. Le rendez-vous « Solution Selling »

Pour aller à l'essentiel, ce modèle consiste à dire au prospect : « J'ai une bonne et une mauvaise nouvelle. La mauvaise, c'est que vous avez un problème. La bonne, c'est que j'ai la solution. » Imparable.

Au nom de ce modèle, les commerciaux sont formés depuis plusieurs décennies à trois compétences clés :

– poser des questions, évidemment ouvertes ;
– écouter les réponses ;
– rebondir sur les solutions.

Débuter par la découverte du problème – pardon, des besoins –, nous permet de nous focaliser ensuite sur la présentation des solutions et des arguments les plus pertinents.

Off the record

Aujourd'hui, tout bon commercial débute son rendez-vous en disant : « Pour commencer, j'ai un certain nombre de questions à vous poser pour bien cerner vos enjeux. Cela me permettra de vous faire ensuite une présentation adaptée à votre contexte et donc de vous faire gagner du temps. Est-ce que cela vous convient ? »
Soit dit en passant, cette logique présente surtout un intérêt pour le commercial. En effet, dans de nombreux cas de figure, elle permet de faire passer une présentation standard… pour une présentation sur mesure. En fait, plus personne n'est dupe depuis longtemps, mais les habitudes ont la vie dure.
Ce modèle fonctionne toujours très bien avec les opérationnels. Beaucoup moins bien avec les Executives, voire parfois pas du tout. J'ai eu la toute première alerte sur le sujet en 2006. Je vendais des formations en management et en vente et mes interlocuteurs étaient classiquement des directeurs de formation, parfois des DRH.
Un jour, je me retrouve à faire un premier rendez-vous avec le PDG d'une entreprise de 1 000 personnes. Je débute comme nous venons de le voir plus haut, et au lieu de répondre « oui » à ma question, mon interlocuteur laisse planer un long silence. Inhabituel. Inquiétude. Je commence à m'agiter sur ma chaise.
Après 5 interminables secondes, il prend la parole et me dit très tranquillement la chose suivante : « Il faut que je vous explique mes journées de travail. J'arrive au bureau à 7 h 30, ce qui me laisse une heure trente pour travailler tranquillement sur de sujets de fond. Ensuite, j'enchaîne meeting sur meeting, je déjeune souvent d'un sandwich, et le pars à 19 h 45 précises. L'idée est d'être rentré pour

faire une bise à ma fille avant qu'elle ne dorme. Bref, chaque quart d'heure compte. D'ailleurs, j'ai failli annuler notre rendez-vous, mais je me suis dit que le sujet valait bien 30 minutes avec vous. Bref, je vais être direct : je n'ai pas une seule seconde pour répondre à vos questions. En revanche, j'aimerais bien vous écouter sur ce que vous faites, et si ça a du sens, je vous expliquerai ensuite pourquoi vous êtes là. Je vous écoute, il nous reste 25 minutes. »

Waouh. J'ai donc débuté par ma présentation classique. La vérité, c'est que ne m'en suis pas remis, et que j'ai fait un rendez-vous assez catastrophique...

Pourtant, il n'y avait rien de brutal dans sa remarque. Il a exprimé, tout sourire, quelque chose qui n'était pas négociable sur le fond : « Je ne suis pas là pour répondre à vos questions. »

Débuter par une phase de découverte ne fonctionne tout simplement pas avec les Executives, et cela pour trois raisons distinctes :

- **Le manque de motivation**

Nous venons de le voir, débuter en répondant à des questions est souvent vécu comme une perte de temps. Or le temps est la ressource la plus précieuse des Executives.

D'ailleurs, l'Executive nous coupe souvent l'herbe sous le pied en nous lançant d'emblée un : « Alors dites-moi, qu'est-ce que vous faites de beau chez... ? »

- **Le manque de temps**

Une vraie phase découverte, c'est 30 minutes. Soit presque la durée du rendez-vous. Techniquement, parlant, c'est presque impossible.

Doit-on la raccourcir au risque de faire l'impasse sur des questions importantes ? Comment savoir quelles sont les questions majeures dans le contexte particulier de ce rendez-vous ?

Doit-on circonscrire le premier rendez-vous à cette phase de découverte en proposant, à la fin, un second rendez-vous pour expliquer ce que l'on fait ? Il n'est pas certain que l'Executive ait envie de nous revoir...

- **Le manque de confiance**

C'est probablement le principal point d'achoppement. Nous sommes dans le bureau de l'Executive depuis 3 minutes en nous débutons la découverte par une question classique sur ses enjeux stratégiques à 18 mois.

Qu'espérons-nous entendre ? Il ne nous connaît pas, il n'a aucune idée de notre niveau de jeu, il ne sait même pas de quoi nous voulons exactement parler. Il ne peut que nous dire des généralités ou nous communiquer des informations que nous sommes déjà censés connaître à travers notre préparation.

Mais la véritable information, celle qui par exemple est sortie la semaine dernière en comité de direction, précisément en lien avec notre sujet, il n'en dira pas un mot à ce stade. La confiance n'est pas encore installée.

Conclusion : **ne pas débuter un premier rendez-vous avec un Executive par une phase de découverte.**

Attention, je ne dis pas qu'il ne faut pas envisager de phase de découverte, je dis seulement qu'il ne faut pas commencer le rendez-vous ainsi.

Tsunami de ce côté-ci de la galaxie ! Cinquante années de bonnes pratiques et de formations balayées d'un revers de la main...

Oui, mais vous allez me dire : « Il faut quand même bien identifier un problème ! »

C'est exact. Qu'on l'appelle problème, *drama*, challenge, enjeu... sans lui, pas de motivation au changement.

En réalité, il y a deux catégories de problèmes :

- Tout d'abord, ceux qui sont déjà identifiés par l'Executive. Et sitôt identifié, sitôt délégué. Le job d'un Executive n'est pas de régler les problèmes, il a des équipes pour cela.
- En revanche, **le job d'un Executive est d'identifier les problèmes qui n'existent pas encore.** Ce qui signifie qu'ils ne sont pas encore très clairs dans son esprit. Souvent présents mais de manière confuse. Il est donc vain de vouloir les découvrir en posant des questions. Il s'agit plutôt de les faire mûrir dans son esprit. Les insights, ainsi que la conversation, servent à cela.

Mais quelle est l'alternative au modèle « Solution Selling » ?

La solution s'appelle « Insight Selling » (fig. 4.4), un modèle qui consiste par débuter en amenant du fond. Des *insights*. En l'occurrence notre « Executive Value Pitch », c'est-à-dire concrètement :

- notre lecture des enjeux (contexte) ;
- le risque à ne pas changer d'approche (*drama*) ;
- notre proposition de valeur (valeur).

FIGURE 4.4. Le rendez-vous « Insight Selling »

L'avantage de « dégainer » en premier, c'est de mettre la conversation qui suit sur des rails. Notre pitch va structurer la suite de la conversation. **Le pitch est un « starter » de conversation.**

Et toutes les informations que nous cherchions maladroitement à obtenir en débutant par une phase de découverte... vont probablement nous arriver sur un plateau.

L'Executive, qui nous a écouté « pitcher » pendant 5 minutes, sera assez impatient de prendre la parole, ce qui présente un double avantage :

- Il n'y a parfois même pas besoin de poser de questions.
- Le pitch, en dévoilant à la fois à la fois notre niveau de jeu et le terrain de jeu, crée de la confiance. Et les véritables informations sont susceptibles de sortir toutes seules. Il est très courant d'entendre l'Executive dire : « C'est très intéressant ce que vous venez de me raconter, parce qu'en fait voilà ce qui se passe chez nous... » Bingo !

Même si les bonnes informations peuvent venir spontanément, il est parfois nécessaire d'aller les chercher et de poser des questions.

Il s'agit évidemment d'une découverte de niveau « Executive ». Nous cherchons à comprendre ses motivations (ou ses freins) en lien avec le changement que nous proposons, c'est-à-dire ses réponses aux questions « Pourquoi changer » et « Pourquoi maintenant ? » sur le plan *corporate* et sur le plan personnel.

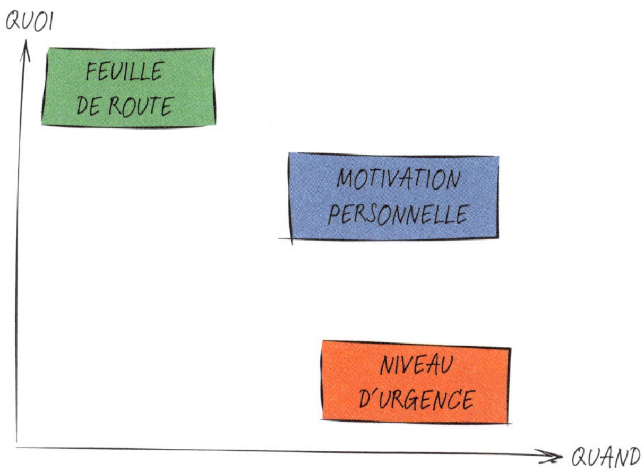

FIGURE 4.5. Les trois sujets à couvrir

Il y a donc trois sujets à couvrir (fig. 4.5), que l'Executive en parle spontanément ou que nous devions poser des questions :

- la feuille de route ;
- le niveau d'urgence ;
- la motivation personnelle.

Ressortir du bureau de l'Executive sans ces informations n'est pas une erreur, c'est une faute. Car c'est bien pour les obtenir que nous le rencontrions.

Il est probable que ces informations soient relativement confidentielles, et l'Executive ne fait jamais signer un « *Non-Disclosure Agreement* » en milieu de rendez-vous. Et pourtant, il nous les communique.

Une confidence est un secret que l'on répète à une seule personne à la fois, en lui demandant de garder cela pour lui. Ce qui suppose que le rendez-vous Executive soit un face-à-face entre lui et nous. C'est probablement l'une des clés du succès d'un tel rendez-vous. **Seul un « *one-to-one* » permet d'obtenir les véritables informations.**

Dès lors que l'Executive est accompagné par d'autres personnes de son entreprise, il ne pourra plus s'exprimer librement. Sans compter que ses collaborateurs risquent d'être les premiers impactés par une décision de changement.

De la même manière, si nous sommes plusieurs face à lui, le contexte ne se prête pas aux confidences.

Ne pas débuter par une phase de découverte mais par le pitch suppose de s'appuyer sur une nouvelle structure de rendez-vous.

Cette structure comprend quatre étapes successives (fig. 4.6).

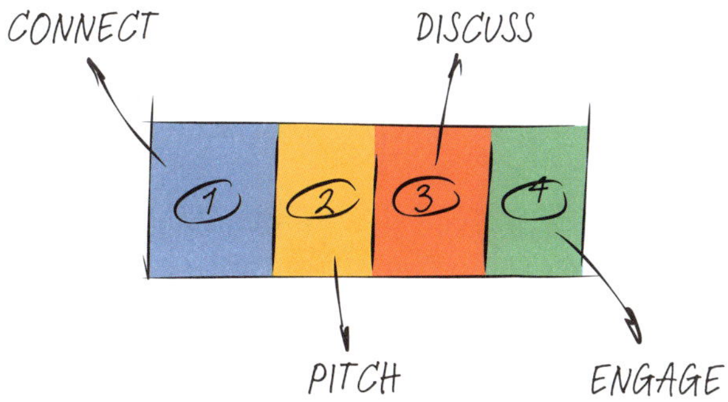

FIGURE 4.6. Les quatre phases successives du premier rendez-vous

- La phase de « connexion » (*connect*) sert à prendre en main le rendez-vous. Elle dure normalement 1 minute.
- La phase de « pitch » sert à partager notre vision. Elle dure normalement 5 minutes.
- La phase de « conversation » (*discuss*) sert à évaluer l'alignement entre notre proposition de valeur et la feuille de route de l'Executive. Elle court pendant tout le reste de l'entretien... moins de 3 minutes.
- La phase d'« engagement » (*engage*) sert à décider de la suite à donner. Elle dure normalement 3 minutes.

Il est crucial de maîtriser parfaitement chacune de ces quatre étapes.

Nous avons largement couvert les deux étapes centrales avec le chapitre sur le discours. Nous allons à présent nous focaliser sur le démarrage et la conclusion.

Prendre le pouvoir d'emblée

Scène vécue dans une célèbre brasserie parisienne :

Je réserve une table deux semaines à l'avance pour inviter à déjeuner deux clientes, en précisant « vers le fond ». Le fond de la salle est moins bruyant et je veux pouvoir discuter au calme.

Je retrouve mes clientes devant l'entrée, nous rentrons et je me présente au maître d'hôtel. Il retrouve mon nom sur la liste, nous indique de patienter 3 mètres plus loin en dehors du passage, tout en lançant à un garçon qui passe précipitamment : « Éric, ces messieurs dames, c'est pour toi. » « Éric va s'occuper de vous », me glisse-t-il avec un sourire appuyé.

3 minutes passent. Éric s'occupe de ses tables, qui visiblement ne sont pas au fond de la salle mais côté rue. Il prend une commande, sert une autre table. Je constate que deux tables de quatre personnes sont libres dans son rang. 7 minutes. C'était bien la peine de réserver. Je cherche à accrocher son regard à chaque fois qu'il passe à proximité, mais il regarde toujours dans une autre direction.

11 minutes et le voilà qui surgit de nulle part et se plante devant moi : « À nous ! Vous avez réservé ? » Stupeur. « Euh, oui, je l'ai indiqué au maître d'hôtel... » « Parfait, je reviens ! » et le voilà déjà reparti. Je suis gêné vis-à-vis de mes clientes. Je n'ai pas envie de perdre la face mais je ne vais pas non plus jouer au jeune coq impatient... « Ce n'est pas facile d'avoir une table ici », dis-je à mes convives avec un air complice.

15 minutes. Le revoilà. « Suivez-moi. » Et nous voici devant une table le long de la vitre. Cachant avec difficulté mon agacement, je lui indique que « j'avais réservé au fond de la salle pour être au calme ». Et là... Alors qu'il débarrassait le quatrième couvert de la table, il s'interrompt, se tourne lentement vers moi, réajuste la serviette blanche à cheval sur son avant-bras, et me regarde dans les yeux : « Monsieur, vous la voulez cette table ou pas ? »

Je réfléchis à toute vitesse aux différentes options... avant d'acquiescer avec un sourire figé.

C'est moi la personne importante, c'est moi qui ai réservé, c'est moi qui vais payer, et pour autant l'affaire est entendue : Éric vient de prendre le pouvoir.

Cette histoire illustre la théorie des cadres, brillamment décrite par Oren Klaff (« *Pitch Anything* »), probablement inspiré par les travaux du sociologue Erwing Goffman.

Selon cette théorie, lorsque deux personnes se rencontrent, chacune arrive avec son cadre, et l'un des deux cadres fracasse l'autre. La première prend ainsi le pouvoir, que l'autre en soit conscient ou pas.

Les cadres sont des structures mentales qui modèlent notre vision du monde et des rapports humains dans un contexte donné. Ils prennent naissance dans le cerveau reptilien. C'est l'instinct de survie appliqué aux interactions sociales. Ils ne cherchent pas à s'accommoder des cadres des autres, mais à les dominer pour survivre.

Quand vous réagissez à ce que dit ou fait l'autre personne, c'est elle qui cadre l'échange. Si c'est elle qui réagit à ce que vous faites ou dites, c'est vous le patron.

Une des illustrations les plus courantes de ce rapport de force est le jeu des « questions – réponses », que l'on peut observer tous les jours à la télévision entre les journalistes et les hommes politiques : le journaliste impose son cadre en posant une question, l'homme politique impose le sien en répondant à une autre question. Autrement dit : ce n'est pas parce que vous avez posé une question que je suis obligé d'y répondre.

Un vieux truc en négociation consiste à faire tomber un objet aux pieds de notre interlocuteur pendant la discussion, et à continuer de regarder notre interlocuteur comme si nous n'avions pas remarqué. Il est probable qu'il se baisse pour ramasser l'objet et nous le rendre. Si cela se produit, nous prenons l'ascendant.

Quand les hôtesses circulent dans les avions pour vérifier les ceintures de sécurité, ce n'est pas pour notre sécurité. Il n'existe aucun cas d'un survivant à un crash d'avion grâce à sa ceinture. C'est pour prendre le pouvoir : « Tant que vous serez dans cet avion, vous ferez très exactement ce que je vous dis et quand je vous le dis. »

La plupart des techniques de vente ont été conçues pour des commerciaux qui ont perdu la guerre des cadres et qui essaient tant bien que mal de vendre quelque chose en position d'infériorité.

Il est donc crucial d'éviter ce piège dès les premières secondes et de refuser de se laisser placer en position d'infériorité.

Comment cela se traduit-il dans un premier rendez-vous avec un Executive ?

L'Executive arrive avec son pouvoir, en particulier sur le timing et sur le contenu :

- Pouvoir de l'Executive sur le timing : « Bon, finalement, je n'ai que 30 minutes ! »
- Pouvoir de l'Executive sur le contenu : « Alors, allons droit au but, qu'est-ce que vous faites de beau chez Dupont SA ? »

Son pouvoir n'est pas nécessairement autoritaire. Il peut être rond et souriant sur la forme. Mais non négociable sur le fond.

Alors comment réagir ?

Timing et contenu nous rappellent l'analogie de la montre et de la boussole. Le client est le maître des horloges. En contrepartie, nous sommes légitimes pour imposer le contenu.

- **Notre pouvoir sur le timing**

Si l'Executive n'a finalement que 30 minutes au lieu des 45 prévues, il est impossible de réclamer les 15 minutes manquantes. En revanche, il est possible de gérer sa contrainte sans se laisser imposer son cadre :

- soit en reprogrammant le rendez-vous : « Dans ces conditions, nous allons devoir reprogrammer. » Avec le risque qu'il nous dise : « Désolé, 30 minutes doivent nous suffire et donc c'est maintenant ou jamais. » Et là, défaite en rase campagne. Ce n'est donc pas la meilleure option ;
- soit en renchérissant : « Figurez-vous que cela m'arrange car j'ai moi-même une contrainte de dernière minute, et donc je vous propose de ne prendre que 20 minutes, ce qui devrait suffire pour un premier échange. Et bien sûr nous nous reverrons si nous y voyons tous les deux un intérêt. » Un partout, balle au centre.

- **Notre pouvoir sur le contenu**

Il s'agit ici d'annoncer avec assertivité le plan de l'entretien : « Nous avons donc *x* minutes. Alors voilà comment cela va se passer »... suivi du plan de l'entretien, à savoir « pitch » et « discussion ».

Autrement dit, j'ai le pouvoir d'imposer la manière dont va se dérouler cet entretien. Parce que je suis légitime à l'imposer : c'est mon métier, c'est moi qui ai provoqué cette réunion, et je vais nous faire gagner du temps à tous les deux.

Il est souhaitable d'enfoncer le clou en concluant par une question de confirmation : « Est-ce que cela vous convient ? » L'Executive n'a absolument aucune raison de nous dire « non ». Et la verbalisation de son « oui » est une manière de nous confier définitivement les rênes de l'entretien.

Toutes les phrases qui sont données ici ne sont que des exemples parmi d'autres. À chacun, avec ses mots et son incarnation, de trouver le moyen de s'affirmer et de prendre le pouvoir d'emblée.

Une fois le pouvoir pris et installé dans l'entretien, nous allons évidemment pouvoir l'utiliser en faisant preuve d'assertivité dans toutes les étapes clé : pitch, contenu de la conversation et en particulier traitement des objections... et conclusion de l'entretien.

Provoquer la décision

La principale raison pour laquelle nous rencontrons le décideur le plus tôt possible dans le processus de vente... est qu'il décide.

Les affaires qui ne sont pas alignées avec notre positionnement et qui doivent être perdues le seront quoi que nous fassions. Donc autant le savoir le plus tôt possible. Afin d'affecter notre énergie et nos ressources d'avant-vente sur les deals que nous pouvons gagner.

C'est du bon sens et, pour autant, le mot que nous autres commerciaux ne voulons surtout pas entendre est : « non ». Nous sommes prêts à faire l'autruche et à éviter de mettre les pieds dans le plat pour ne pas nous exposer à un refus.

Cela revient en effet à mettre à la poubelle tous les efforts consentis pour obtenir un rendez-vous avec l'Executive. Une petite voix intérieure nous dit : « S'il a accepté le rendez-vous, c'est bien qu'il est potentiellement intéressé. Cela va me prendre du temps mais je vais le convaincre. »

Personne n'aime être rejeté. Tout le monde veut être aimé. Certes, mais ce n'est pas le sujet. Comme nous l'avons vu, le sujet est celui de l'alignement entre une proposition de valeur et une feuille de route.

Obtenir une décision en fin de rendez-vous suppose, en premier lieu, d'oser la demander. Une manière à la fois simple, directe et valorisante pour l'Executive est de la formuler en ces termes : « Que décidez-vous ? »

Il s'agit, en second lieu, d'obtenir une réponse claire.

Si la réponse est clairement positive, nous pouvons acter l'alignement à date et planifier l'étape suivante. Nous avançons dans le tunnel d'engagement que nous verrons plus loin.

Si la réponse est clairement négative, il faut l'entendre, ce qui n'est pas toujours facile. Et ne pas chercher à tout prix à positionner une date de relance dans l'agenda.

Mais assez souvent, la réponse n'est pas claire. Le cas le plus fréquent est probablement d'entendre : « Bon, laissez-moi réfléchir à tout cela et rappelez-moi dans 3 mois... »

Et nous fonçons tête baissée dans le panneau, d'abord en disant que « 3 mois, c'est long, autant avancer sans attendre et donc qu'il vaudrait mieux reprendre rendez-vous pour dans un mois ». Et comme cela ne fonctionne évidemment pas, nous proposons de « fixer d'ores et déjà ce rendez-vous dans 3 mois dans l'agenda, comme ça, ce serait fait... » Et comme cela ne fonctionne pas mieux, nous finissons pitoyablement sur un « OK, je vous rappelle dans 3 mois. »

Pitoyablement, car nous connaissons déjà la suite... Dans 3 mois, notre Executive nous dira « Ah oui, je me souviens très bien de vous, mais là c'est une période un peu chargée, revenez vers moi dans 3 mois. » Etc.

D'expérience, on peut faire six relances sur 18 mois avant de jeter l'éponge. Ce qui pose deux problèmes :

- D'une part, cela crée un *pipe* artificiel d'affaires qui, en réalité, n'existent pas.
- D'autre part, cela consomme une énergie considérable, puisque nous allons devoir faire à chaque fois une action inconfortable (relancer au téléphone) pour un résultat négatif quasi-acquis d'avance.

Certes, il y a les exceptions. Une fois sur dix, une affaire renaît à l'occasion d'une relance, parce que la feuille de route a changé, ou que l'Executive lui-même a changé. Exception qui nous sert d'ailleurs d'excuse pour laisser les neuf autres affaires dans le *pipe*...

La vérité est que nous risquons de payer pendant des mois une absence de courage de quelques secondes. Le courage qui consiste à obliger l'Executive à se positionner, quitte à entendre une réponse négative.

L'Executive a le droit d'être dans le flou. Mais nous n'avons pas le droit de l'y maintenir.

Le modèle est le même que celui que nous avons étudié dans le traitement des objections : distinguer le quoi du quand, la boussole de la montre.

Par exemple :

« Vous me dites que vous allez y réfléchir. Cela me fait très plaisir mais la vérité, c'est que vous n'aurez pas le temps. Sitôt que j'aurai franchi la porte, vous serez absorbé par tous les sujets qui sont déjà sur votre bureau plus ceux qui viennent d'arriver dans votre boîte mail. Donc je sais déjà ce que vous allez me dire dans 3 mois.
En fait, cela fait déjà 30 minutes que vous réfléchissez avec moi sur le sujet, ce qui est beaucoup. Vous êtes capable de décider de quelque chose de très simple : soit le sujet vous intéresse, vous souhaitez creuser et on avance, soit il ne vous intéresse pas plus que ça, vous me le dites et on en reste là.
Donc, en conclusion : le sujet vous intéresse, ou pas ? »

Oui, mais vous allez me dire : « S'il nous dit qu'il veut avancer, mais pas tout de suite, on revient au point de départ. »

Pas tout à fait.
Car nous allons pour acter sa motivation à avancer, nous mettre d'accord sur une date de relance et confirmer tout cela par e-mail.
Donc le moment venu, la relance se fera sur la base d'un véritable accord mutuel et pas sur celle d'une pression purement commerciale sur le timing, ce qui change tout.

Comme pour le traitement des objections, on pousse l'Executive dans les cordes… afin de l'obliger à se positionner.

Si l'Executive n'a pas envie d'avancer après 45 minutes en face-à-face, il y a assez peu de chance qu'il en ait envie avec 5 minutes supplémentaires au téléphone dans 3 mois.

L'objectif est ainsi de clarifier les opportunités de business à l'issue des premiers rendez-vous, d'éliminer tous ceux qui n'ont pas une réelle volonté d'avancer et de se concentrer sur les autres.

Le flou, qui est souvent la règle, doit devenir l'exception.

La manière de conduire le rendez-vous est-elle la même en distanciel ?

La structure est identique.
Le besoin de structuration est même supérieur et il est encore plus important de bien cadrer le contenu et le timing en débutant le rendez-vous.
Le principal changement concerne le pitch : il est nécessaire de le raccourcir à 3 minutes environ, pour ne pas donner l'impression d'un monologue. De plus, l'impossibilité de pratiquer le *white-boarding*, qui a l'avantage de structurer les messages, impose également de faire plus court.

Un autre changement est la difficulté de créer un relationnel. Bonne nouvelle, la vente aux Executives ne s'appuie pas sur le relationnel. Pour autant, nous ne sommes pas des robots, et il convient d'être très attentif au moindre sourire ou au moindre mot qui nous permettra de rebondir et de créer du lien.

Finir quelques minutes plus tôt permet également de laisser filer la conversation sur des sujets périphériques et parfois de créer une complicité.

Accéder à l'Executive

On a l'habitude de dire que tous les chemins mènent à Rome.

C'est très différent en matière de développement commercial : tous les chemins mènent aux opérationnels. Rares sont ceux qui mènent aux Executives.

Encore une fois, la loi de la pesanteur s'applique à la vente : on descend toujours, on remonte rarement.

Prospecter dans le dur

C'est la bête noire des commerciaux. L'exercice dans lequel leur résistance à l'échec est la plus mise à l'épreuve. Ce que certains managers n'osent plus leur demander de peur de les perdre alors que le marché est en pénurie.

Et pour rajouter à la difficulté de l'exercice, il s'agit de prendre des rendez-vous avec des Executives, des gens qui ne reçoivent quasiment jamais de commerciaux.

Et alors ? Il suffira à notre bonheur qu'ils en reçoivent un seul : nous.

Et la bonne nouvelle est que prospecter dans le dur est relativement simple...

Oui, vous avez bien lu : **obtenir de premiers rendez-vous avec des Executives est simple.**

C'est juste une question de méthode, de travail et de détermination.

Débutons par la méthode.

La vraie question à se poser est la suivante : à quelles conditions un Executive va-t-il libérer 45 minutes dans son agenda pour rencontrer un commercial qu'il ne connaît pas issu d'une entreprise qu'il ne connaît pas qui vend une solution qu'il ne connaît pas ?

Parce que nous insistons ? Certainement pas. Parce que nous revenons cinq fois à la charge ? Encore moins.

Mettons-nous tout simplement à la place de l'Executive. Les conditions sont les suivantes :

- La pertinence du sujet. Si le sujet fait écho à des enjeux d'exécution de ma feuille de route, je peux libérer du temps pour en parler. Que ces enjeux d'exécution soient avérés ou pressentis.
  Encore faut-il que, au moment de la prise de rendez-vous, le commercial me démontre le lien, même en quelques mots, entre sa proposition de valeur et cette feuille de route. Ce qui va être compliqué si vous appelez directement l'Executive : sitôt qu'il aura j'aurai compris que vous êtes un commercial qu'il ne connaît, il fera tout pour écourter la conversation...

- Le niveau du commercial. Si la personne qui veut me rencontrer est capable d'avoir une conversation pertinente avec moi, je vais libérer du temps pour la recevoir. L'échange téléphonique lors de la prise de rendez-vous est aussi un moyen de tester le commercial, ce qui exclut d'envisager une prise de rendez-vous externalisée ou confiée aux *Sales Development Representatives*.

De telles conditions nous placent face à une injonction contradictoire : il est très difficile de parler au téléphone à l'Executive... mais il faut lui parler.

La solution réside dans une approche que nous appelons « Smart Calling ». Le nom n'est pas tout à fait anodin. Il n'a pas échappé au lecteur que l'on peut rendre « sexy » à peu près n'importe quel concept en y apposant le préfixe « smart » : « smart cities », « smart data », « smart cars », « smart phones »...

Et l'un des enjeux est bien de rendre à nouveau la prospection « sexy » et de redonner aux commerciaux l'envie et le plaisir d'en faire.

Sur le fond, le Smart Calling est une approche en deux temps (fig. 4.7).

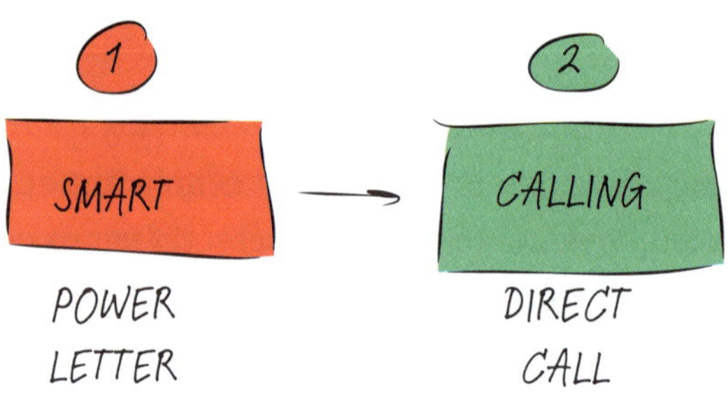

FIGURE 4.7. Smart Calling et Power Letter

- **Smart Engagement**

Il s'agit d'un contenu personnalisé qui démontre la pertinence de notre approche.

Sur le fond, il s'agit de démontrer notre « compréhension *a priori* » de la feuille de route de l'Executive et de faire le lien avec notre proposition de valeur. C'est en quelque sorte un Executive Value Pitch sur mesure.

Il est important que ce contenu soit pertinent mais également consistant. Ne soyons pas elliptique, apportons autant de fond que possible, montrons que nous avons travaillé.

La forme est également essentielle car il s'agit de surmonter le mur de l'indifférence. Pas question donc d'envoyer un e-mail avec un taux d'ouverture de 15 % maximum. La valeur du contenu suppose d'avoir un taux d'ouverture maximum.

La « Power Letter » est un format particulièrement impactant : un vrai courrier signé à la main, envoyé dans une vraie enveloppe avec un vrai timbre. Pour la simple et bonne raison que de nos jours plus personne ne reçoit de tels courriers au bureau. Le taux de lecture est donc proche de 100 %

Les alternatives à la Power Letter sont la Power Vidéo, le Power Slide, ou tout autre format qui permette de surmonter le mur de l'indifférence tout en transmettant le contenu approprié.

- **Direct Call**

Il s'agit d'un appel direct sur le téléphone mobile.

La phrase que l'on entend le plus souvent lorsque l'Executive décroche son téléphone et que nous nous présentons, en faisant référence à la Power Letter, est : « Ah, c'est vous ! » Évidemment, cela modifie la teneur de l'échange.

Il est indispensable d'appeler directement sur le téléphone portable de l'Executive. C'est aujourd'hui la seule possibilité de l'avoir rapidement en ligne.

Le Smart Calling donne des résultats très au-dessus de toutes les autres méthodes en termes d'engagement : 40 % en de rendez-vous en moyenne. Ce taux est cependant susceptible de varier fortement en fonction du la qualité du ciblage, de la qualité de la lettre et de la pugnacité de la relance.

La contrepartie est que cela demande du travail, notamment pour la Power Letter : recueil d'informations, analyse, construction du raisonnement, rédaction, relecture, etc. Il n'y a pas de secret : **on n'attrape pas les mouches avec du vinaigre.**

Et tant qu'à faire, c'est un travail autrement intéressant que de faire du volume d'appels « dans le dur » et du « barrage secrétaire ». En l'occurrence et ici encore, c'est plus un travail de consultant que de commercial.

Sans compter que lorsque le rendez-vous est pris, nous sommes déjà préparés.

Oui, mais vous allez me dire : « Comment obtenir les numéros de portable des Executives ? »

Il existe aujourd'hui de nombreux logiciels qui proposent des solutions de sourcing de ces numéros, avec un taux d'identification du portable d'environ 70 %.
L'identification du portable est d'ailleurs un filtre préalable dans l'étape de ciblage. Passer deux heures sur une Power Letter n'a aucun sens si l'on ne s'est pas assuré, au préalable, d'avoir l'Executive en ligne.

Créer un tunnel d'engagement

Le Smart Calling répond à une logique des petits pas, chacun constituant une étape ouvrant la porte vers la suivante : un courrier qui rend possible un appel téléphonique qui rend possible en premier rendez-vous...

C'est le principe du « tunnel d'engagement ». Le tunnel d'engagement est une séquence d'actions de notre part, qui chacune se conclue par une décision du client. Cette décision est soit de continuer à avancer, soit d'arrêter. Cette dernière possibilité doit être clairement fléchée : plutôt que de forcer le prospect à avancer, on lui propose un embranchement de sortie à chaque étape.

Chaque avancée est « librement consentie » et nous rapproche un peu plus de l'arrivée. Il est classique d'entendre un responsable commercial évoquer des « problèmes de conclusion » en parlant de son équipe. La réalité, c'est qu'il n'y a jamais de problème de conclusion à proprement parler. En revanche, il y a une réalité qui est que l'on retrouve systématiquement en aval tous les sujets et les problèmes qui n'ont pas été réglés en amont.

Les deux impasses classiques sont :

- Occulter volontairement des sujets délicats. Comme ces sujets vont refaire surface à la fin, nous devrons alors les adresser, mais en mode défensif. C'est la raison pour laquelle nous préconisons, par exemple, de parler de la gestion des risques et du budget dès le premier rendez-vous avec l'Executive.
- Ne pas adresser correctement le processus de décision, notamment en ne parlant qu'avec les opérationnels et en n'engageant pas avec l'Executive. L'Executive sera impliqué à la fin mais il sera probablement trop tard pour que nous y ayons accès. C'est la raison pour laquelle il est préférable de débuter par lui. Autrement dit, tous ces sujets devant être traités, autant se les approprier et les aborder dans un ordre logique et, surtout, économe en ressources.

La construction de ce tunnel d'engagement doit faire écho à la logique décisionnelle du client. Or quelle est cette logique ?

Il convient ici de se rappeler que, dans la vente de valeur, nous vendons « quelque chose que le client n'a jamais acheté ». Il est donc dans une logique d'apprentissage, bien différente de celle de l'achat de commodités.

Cette logique s'articule autour de quatre étapes (fig. 4.8) :

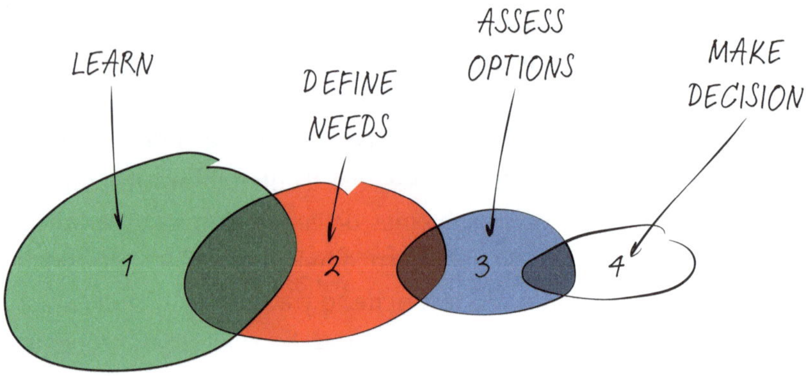

FIGURE 4.8. Le process décisionnel

- *Learn* : le client découvre le sujet.
- *Define needs* : le client définit ses besoins et formalise éventuellement un cahier des charges.
- *Assess options* : le client identifie et consulte des prestataires potentiels.
- *Make decision* : le client choisit un prestataire.

Le processus n'est pas toujours linéaire… Par exemple, alors qu'il est en train de consulter différents prestataires, le client, peut-être influencé par l'un d'entre eux, s'aperçoit qu'il a mal posé le problème. Machine arrière toute, reculez de deux cases !

Ce qui est particulièrement intéressant dans ce schéma, c'est qu'il offre une grille de lecture de notre capacité d'influence.

Notre capacité d'influence décline rapidement à mesure que le client avance dans son processus de décision (fig. 4.9**).**

- Phase *Learn* : nous pouvons fortement influencer le client, et en particulier l'Executive, en lui proposant une vision sur un sujet qu'il ne connaît pas.

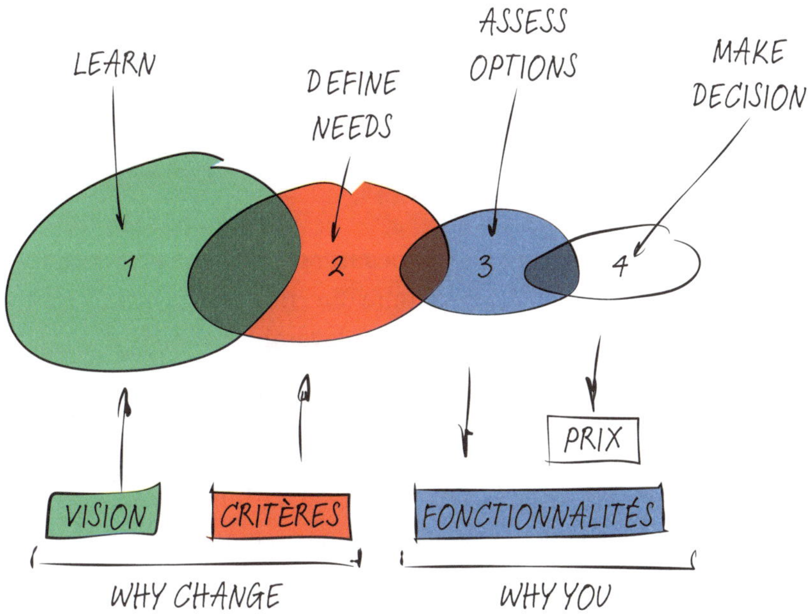

FIGURE 4.9. Le process de décision (2)

- Phase *Define needs* : nous pouvons influencer l'Executive et les opérationnels dans la définition de leurs critères et l'élaboration de leur cahier des charges.
- Phase *Assess options* : les opérationnels nous imposent des fonctionnalités et nous n'avons pas accès à l'Executive à moins d'avoir engagé avec lui auparavant.
- Phase *Make decision* : les opérationnels nous mettent la pression sur les prix et nous n'avons pas accès à l'Executive à moins d'avoir engagé avec lui au préalable.

Nous retrouvons ici, dans une logique séquentielle, la structure de message que nous avons étudiée dans le chapitre 3. Tout s'articule parfaitement.

Concrètement, notre capacité d'influence s'éteint quasiment à la fin de la phase de « Définition des besoins ». À partir de là, soit nous ne sommes pas mis en concurrence est c'est presque gagné, soit une mise en compétition débute et nous évoluons dans un environnement contraint où les dés sont jetés. Notre seule marge de manœuvre est un éventuel accès « en off » à l'Executive si nous l'avons engagé avec lui avant.

Le tunnel d'engagement doit se focaliser sur les deux phases amont afin que les dés soient jetés dans notre direction, sur la base de notre vision et avec des critères qui nous sont favorables.

Parfois, les tunnels d'engagement, notamment dans des approches d'*indbound marketing*, s'arrêtent prématurément, en l'occurrence à la prise de rendez-vous. C'est beaucoup trop tôt. Le tunnel d'engagement doit accompagner le client jusqu'à un « quasi-point de non-retour ».

Voici le tunnel d'engagement que nous préconisons dans le cadre de la prospection d'un nouveau compte, avec un engagement direct de l'Executive, qui est rappelons-le à la fois la voie royale et la seule voie raisonnable.

Il comporte six étapes en partant du bas (fig. 4.10).

Nous avons déjà décrit les trois premières étapes. Concentrons-nous à présent sur les trois suivantes, dans la partie supérieure du schéma, qui sont essentielles :

- **Le second rendez-vous**

Ce n'est pas un détail et il est au moins aussi important que le rendez-vous initial.

Si le premier rendez-vous s'est bien passé et si l'Executive a acté son intérêt pour le sujet, **il est décisif de programmer un second rendez-vous en « *one-to-one* ».**

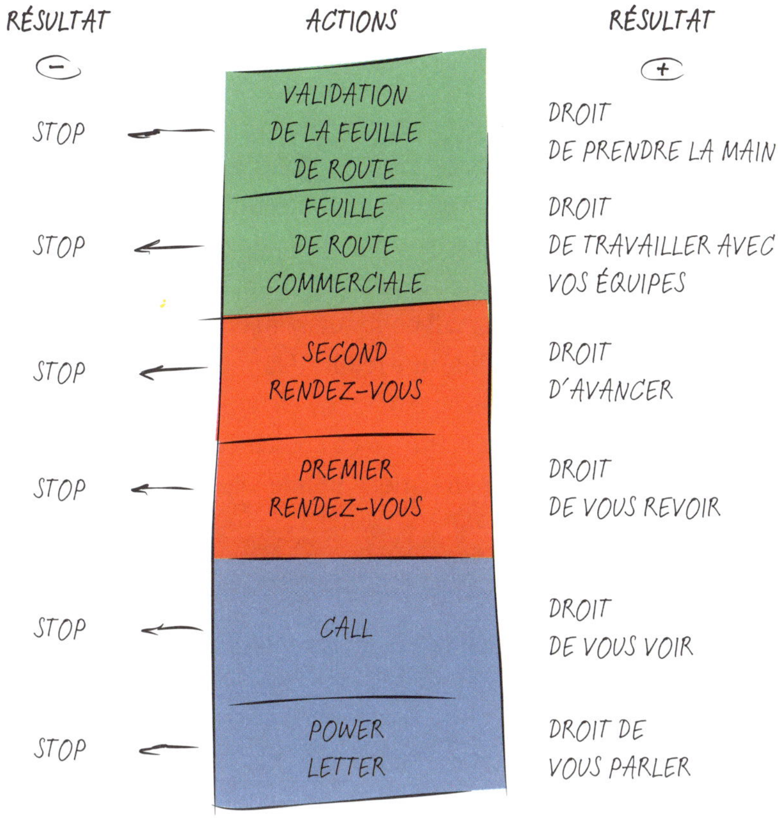

FIGURE 4.10. Le tunnel d'engagement

Ce rendez-vous se justifie d'abord par le timing. Il est presque certain que nous ne pouvons couvrir tous les sujets (pitch, feuille de route du client, motivations, traitement des objections, investissement, planning, gestion des risques, suite du processus) en 30 ou 45 minutes. Nous avons besoin de temps supplémentaire.

En réalité, les vraies raisons sont ailleurs :

- D'abord, c'est un excellent indicateur de l'engagement de l'Executive. S'il accepte d'investir à nouveau 45 minutes (et, idéalement, 90 minutes) d'ici deux semaines, c'est qu'il est véritablement intéressé.
- Ensuite, nous allons commencer à créer une relation personnelle à l'occasion de ce second rendez-vous. Il va probablement nous accueillir en nous appelant par notre prénom, parfois

même proposer de nous tutoyer. Nous sommes passé du statut d'inconnu à celui partenaire. Ce second point n'a pas de prix et peut faire toute la différence par la suite. En effet, il y a toujours un moment dans le process commercial, notamment lorsque nous sommes aux prises avec les opérationnels, où quelque chose risque de « coincer ». Seul l'Executive est en mesure de débloquer la situation.

– Si nous n'avons vu l'Executive qu'une seule fois, nous sommes condamnés à faire un mail politiquement correct. Si nous avons revu l'Executive et validé une feuille de route, les choses seront bien différentes : nous pourrons par exemple envoyer un texto sibyllin à 8 heures du matin : « Ça coince avec Machin. Auriez-vous 10 minutes pour en parler ? Bonne journée, François. »

Oui, mais vous allez me dire : « Vous avez répété dix fois que l'on n'est pas là pour jouer sur le registre du copinage ou de la relation personnelle ! »

C'est exact, ce n'est pas ce qu'attend un Executive face à des enjeux forts de changement.
Cela ne signifie pas pour autant que nous ne devons pas construire une relation de confiance, cordiale, voire amicale, dans la durée.
C'est simplement une question d'ordre : d'abord la pertinence sur le fond, ensuite seulement la relation personnelle.
Les Américains ont une formule pour cela : « Il vaut mieux une amitié née des affaires qu'une affaire née de l'amitié. »

Ce second rendez-vous doit impérativement être planifié en « *one-to-one* » pour toutes les raisons que nous avons déjà vues. La tentation est de laisser l'Executive inviter l'un de ses collaborateurs. Avec à l'arrivée un résultat quasi garanti : l'Executive sera absent, pris par une urgence de dernière minute, et il se dira que son collaborateur lui fera un compte rendu...

- **La feuille de route commerciale**

Le second rendez-vous doit permettre à l'Executive de confirmer son intérêt pour le sujet et sa volonté de l'explorer plus en détail... ou non. C'est le « droit d'avancer ».

Dans l'hypothèse favorable, il va falloir effectivement avancer avec les opérationnels, ce qui présente un double risque :
- se faire piéger par les opérationnels, de bonne foi (parce qu'ils n'ont pas la vision) ou de mauvaise foi (parce qu'ils considèrent le changement comme un danger) ;
- perdre le lien avec l'Executive, qui considère que les choses avancent et qu'il n'a plus à s'en occuper.

Le meilleur moyen d'éviter ces écueils et d'avancer de manière professionnelle est de définir une feuille de route qui couvre trois dimensions :
- les étapes : comment avancer pour fabriquer la décision finale de l'Executive ?
- les personnes : qui rencontrer et avec qui travailler dans l'organisation ?
- le timing : à quel rythme et sous quels délais ?

Cette feuille de route doit être discutée en rendez-vous avec l'Executive. Elle part de nos recommandations, qui s'appuient sur notre expérience et notre expertise. Il est pour autant nécessaire que l'Executive l'améliore et se l'approprie, en fonction de la connaissance de son organisation.

- **La validation de la feuille de route**

C'est l'étape la plus simple... et peut-être la plus importante.

La feuille de route doit être formalisée par écrit à la suite du second rendez-vous, envoyée par e-mail et accompagnée d'une demande de validation.

Pas question de bouger le petit doigt avant cette confirmation, qui constitue pour nous un sésame pour naviguer au sein de l'organisation de manière légitime. **La validation d'une feuille de route commerciale est *de facto* une délégation de gouvernance pour la phase commerciale d'avant-vente et de construction de la solution.**

Ici encore, nous sommes légitimes pour imposer la manière d'avancer. Notre expérience est infiniment supérieure à celle du client sur le sujet que nous portons. Plus que quiconque, nous savons quelle est la meilleure allocation des ressources, tant chez nous que chez le client.

Et toute absence de validation doit être interprétée comme un signal d'alerte et traité comme tel : par une nouvelle conversation avec l'Executive.

Escalader à partir des opérationnels

Nous venons de voir le tunnel d'engagement idéal, dans lequel nous sommes à l'initiative de l'engagement avec l'Executive.

Ce n'est pas toujours le cas, en particulier lorsque nous faisons face à un lead entrant : le client a défini son cahier des charges, consulte le marché et nous contacte.

C'est à la fois une bonne et une mauvaise nouvelle. Une bonne nouvelle parce que c'est le signe que nous sommes un acteur significatif et identifié du marché. Une mauvaise parce que nous subissons un process dans lequel il va être difficile de reprendre la main.

Comme chacun le sait, si l'on découvre le prospect au moment où celui-ci nous consulte, il y a de fortes chances que l'on serve de lièvre dans une compétition biaisée. Dans la très grande majorité des mises en concurrence, le client a identifié un probable vainqueur qui généralement part avec une longueur d'avance. Et si l'on n'est pas avertis que ce vainqueur probable, c'est nous... c'est que c'est un autre.

Nos chances sont donc assez faibles. La seule possibilité d'améliorer notre main est de rencontrer l'Executive afin d'influencer (et ce n'est jamais trop tard) sa vision, les critères de choix et peut-être le cahier des charges lui-même.

Si tenter de rencontrer l'Executive est une évidence, nous faisons néanmoins face à un obstacle de taille : nous sommes déjà en contact avec un opérationnel qui pilote la consultation et la relation avec les différents prestataires.

Immédiatement nous vient à l'esprit une remarque de bon sens : si je tente de rencontrer l'Executive, l'opérationnel va penser que je veux le court-circuiter, il va mal le prendre et je vais m'en faire un ennemi. Ce qui n'est bien sûr pas souhaitable. Pour autant, si nous ne faisons rien... nous sommes presque certains de perdre. Ou *a minima* d'engager avec un ratio « ressources / résultat » statistiquement très faible.

Oui, mais vous allez me dire : « Faut-il également escalader en base client alors que nous avons d'excellents contacts avec les opérationnels ? »

Ce qui est vrai dans le cadre d'une consultation l'est également en base client, où l'on travaille au quotidien avec les opérationnels. Et parfois nous n'osons pas remonter à l'Executive de peur de froisser notre contact, qui est généralement un allié.
La conséquence est que nous ne pouvons plus ni anticiper, ni accompagner l'évolution de la feuille de route de l'Executive. Peu à peu, nous voilà relégués au rôle de fournisseur de commodité.
Jusqu'au jour où le commercial d'un concurrent, qui n'a lui pas peur de froisser quelqu'un puisqu'il n'est pas en contact avec les opérationnels, engage directement avec l'Executive.
L'enjeu en base client consiste à ne jamais perdre la relation avec l'Executive. À cet égard, deux réunions d'alignement par an sont parfaitement justifiées.

Et tout cela au nom d'une explication apparente (le risque de froisser un non-décideur) qui ne tient pas la route. Laquelle sert surtout à masquer la véritable explication : nous n'osons pas demander (parce que nous sommes mal à l'aise et que nous ne savons pas comment faire).

Avant d'engager des ressources et de répondre à la consultation, il est donc utile de considérer le problème sous un autre angle :

- En termes d'enjeu, nous n'avons rien à perdre, surtout si l'on considère que c'est déjà perdu.
- En termes de finalité, le but n'est pas de finir copain avec l'opérationnel, mais éventuellement de signer le deal.

Dès lors, il semble à peu près évident qu'il faut engager avec l'Executive et donc en assumer les éventuelles conséquences négatives. Conséquences qui sont d'ailleurs rarement négatives pour autant que nous sachions motiver notre demande. Ici comme souvent, c'est le « comment » qui est difficile...

La première question qui se pose est : faut-il passer par notre contact opérationnel ou contacter directement l'Executive ?

Il peut sembler moins risqué de contacter directement l'Executive afin de contourner l'obstacle. Ce n'est pourtant pas une bonne idée. Aucun doute que l'opérationnel finira par l'apprendre. C'est donc la quasi-certitude de se le mettre à dos. Évidemment, le risque existe également en passant par l'opérationnel, mais il est moins certain.

Ce qui renvoie à la seconde question : comment lui demander ?

La difficulté de l'exercice est que la forme compte autant que le fond.

- **Sur la forme**

Il est essentiel de faire cette demande avec assertivité. Ce qui signifie aller droit au but, économiser les mots et choisir les mots justes.

Par exemple :

« Prochaine étape, meeting avec Monsieur Machin.
Je vais vous expliquer pourquoi. »

Une telle demande n'est pas une négociation. Ou plus exactement, comme toute négociation, la première formulation de la demande ne doit pas ressembler à une demande négociable. Question de posture.

- **Sur le fond**

Tout est dans la qualité de l'explication.

La toute première explication tient à la nécessité de l'alignement avec l'Executive.

C'est du bon sens... qui est souvent mal exécuté : il ne s'agit pas d'enfiler des perles en répétant trois fois le mot « stratégique » dans une même phrase. Il s'agit plutôt d'expliquer, de manière simple et avec des mots concrets, ce que signifie « alignement entre une feuille de route et une proposition de valeur ». En quoi un « pseudo-alignement » est la principale cause de dérapage des projets de transformation. Pourquoi un réel alignement suppose de se parler en se regardant dans les yeux.

Cette explication est si importante qu'elle doit être soigneusement préparée, répétée et incarnée. Si elle est parfaitement exprimée, elle se suffit à elle-même.

Par exemple :

« Nous allons investir des dizaines d'heures à construire une réponse à votre cahier des charges et sur la manière de mettre en œuvre ce projet, c'est-à-dire sur le Comment.
Nous voulons échanger une heure avec Monsieur Jacques du Pourquoi.
J'ai bien noté qu'il y a des éléments de contexte dans l'introduction de votre cahier des charges, et pour autant vous savez comme moi que l'on ne peut pas écrire certaines choses.
C'est sur ces choses-là que nous voulons entendre Monsieur Jacques et nous positionner. »

Il peut y avoir d'autres explications, dans un second temps, si nécessaire. Et les suivantes doivent être aussi soigneusement préparées que la première.

Malgré la qualité du fond et de la forme, nous pouvons nous heurter à un refus. Souvent au nom du process et de l'équité de la consultation.

Notre dernière arme à dégainer est celle du No-Go :

« Nous comprenons parfaitement votre process.
Et en contrepartie, nous allons vous demander de comprendre le nôtre.
Nous n'allons pas répondre.
Les conditions pour investir sur ce dossier ne sont pas réunies. »

Ce n'est pas parce qu'un vague subordonné a décidé de mettre notre nom dans une liste d'entreprises à consulter que nous sommes redevables à qui que ce soit des dizaines ou centaines d'heures d'investissement que cela représente.

Il nous revient de fixer les conditions de notre engagement. N'oublions jamais que les perdants d'une compétition ne sont jamais rémunérés, ce qui nous légitime dans le choix de nos combats.

Mettre un No-Go sur la table est la seule position qui nous permette de reprendre la main. En effet, à partir de là, quelles sont les possibilités ?

- **Le client nous recontacte**

Généralement, l'Executive a demandé pourquoi nous sommes sortis de la consultation. Dans la mesure où notre demande est motivée et légitime, il peut décider d'y accéder. Et nous voilà qui revenons par la grande porte.

- **Le client ne nous recontacte pas**

Malgré une demande motivée et légitime... Si nous sommes si peu indispensable à la consultation, c'est très probablement le signe que l'affaire est déjà entendue au profit d'un concurrent. Excellente nouvelle : nous n'allons pas investir du temps pour rien.

Dans ce cas, on peut envisager en dernier recours de contacter directement l'Executive et donc de clairement by-passer l'opérationnel. À ce stade-là, nous n'avons plus rien à perdre.

Tout ceci revient à faire de l'accès à l'Executive un critère de Go/No-Go. Cela signifie qu'au-delà de la capacité du commercial à demander à l'opérationnel, il y a un aussi enjeu d'alignement managérial.

Si le commercial a le courage de mettre la possibilité d'un No-Go sur la table et qu'il est ensuite débouté par sa hiérarchie, on ne l'y reprendra pas deux fois.

La difficulté de cet exercice renvoie donc à l'acceptation des No-Go dans une organisation commerciale. Car nous avons tous en tête la consultation d'un prospect que nous ne connaissions pas, sans rencontre de l'Executive, à laquelle nous avons quand même répondu... et que nous avons gagnée.

Le contre-exemple devient ainsi une incitation à répondre quel que soit le contexte.

La seule possibilité de trancher ce débat est donc de mettre les faits sur la table et de dresser deux colonnes :

- dans la colonne de gauche, les consultations des deux dernières années où nous avons vu l'Executive soit en amont soit au début ;
- dans la colonne de droite, celles où nous n'avons pas rencontré l'Executive avant la soutenance.

Avec dans chaque colonne, le coût total des ressources engagées et le montant de revenu généré.

Certes ce bilan prend un peu de temps, mais il présente l'avantage de clarifier le débat et de rationaliser une politique de Go/No-Go.

Oui, mais vous allez me dire : « Il est impossible de remonter à l'Executive dans les consultations de marchés publics. »

C'est exact, et c'est un risque que le client ne prendra jamais sous peine d'annulation du marché, ce qui renforce la nécessité impérieuse d'avoir engagé avec l'Executive en amont. Si nous sommes déjà en contact avec lui, rien n'interdit un coup de téléphone personnel une fois la consultation lancée...

Chapitre 5

Aligner l'organisation

Quand, à propos d'une idée, on dit qu'on est d'accord sur le principe, cela signifie que l'on n'a pas la moindre intention de la mettre à exécution.

OTTO VON BISMARCK

Orchestrer la transformation

Le modèle de vente Executive Selling est disruptif par rapport à la plupart des modèles de vente en place dans les organisations commerciales.

Il suppose une transformation et un alignement de l'approche commerciale dans plusieurs domaines :
- méthodologie de vente ;
- pilotage des deals ;
- pratiques de terrain.

Pour y parvenir, la première étape consiste à formaliser une « cible de pratiques commerciales », ce que nous appelons le « code source » du modèle de vente.

La seconde consiste à décider du meilleur chemin pour atteindre cet alignement.

Le code source

Le modèle de vente décrit dans ce livre repose sur une seule et unique idée : *driver* les deals « top-down », donc faire de l'engagement avec l'Executive le point de départ obligé de toute démarche commerciale.

À la lecture de ce livre, beaucoup d'entre vous sont probablement en phase avec les idées et les principes. Tout l'enjeu est de transformer les bonnes intentions en pratiques réelles.

Cela suppose de répondre de manière concrète à de nombreuses questions : quelles sont précisément les conditions d'un No-Go ? Quels sont les objectifs en termes de prise de rendez-vous Executive ? Dans quelles conditions peut-on solliciter sa hiérarchie ?

Les réponses dépendent de nombreux facteurs : culture de l'entreprise, vision de la direction commerciale, urgence de la transformation, maturité de l'équipe, etc.

Aussi la première question à adresser est celle du curseur : jusqu'où souhaite-t-on pousser le bouchon ?

Prenons par exemple le sujet du passage plus ou moins obligé qu'est la rencontre de l'Executive en amont :

- Le curseur au minimum signifie : « On doit rencontrer l'Executive lorsque c'est possible. » Sans surprise, à l'exception de quelques commerciaux qui ont bien compris l'impact et le bénéfice personnel qu'ils pouvaient tirer de cette approche, il ne se passera rien. On est dans le syndrome « Tube » : « Toujours une bonne excuse ».
- Le curseur au maximum signifie : « Tant que l'on n'a pas rencontré l'Executive, l'opportunité n'apparaît pas en tant que telle dans le CRM, quels que soient les rendez-vous réalisés par ailleurs. »

Sans nécessairement pousser le curseur au maximum, il existe un point de bascule en dessous duquel la transformation ne s'opère pas.

Pour dire les choses autrement, si l'on considère l'accès à l'Executive comme le principal point structurant de l'approche commerciale, et que l'on en tire les conséquences concrètes, on peut conduire une transformation qui mène à l'impact recherché.

Si l'on considère que c'est simplement un « nice-to-have », il ne se passe rien.

Une fois ce niveau d'exigence définit dans l'esprit, il s'agit de le traduire de manière concrète à travers ce que nous appelons le « code source ».

Le code source, ce sont les lignes de code et les règles du jeu qui vont faire fonctionner l'algorithme de la vente aux Executives.

À titre d'illustration, voici un exemple concret de code source au curseur élevé.

Code source commercial : les deals se « drivent » top-down

- Les commerciaux ont la responsabilité d'engager au niveau Executive sur tous les deals en prospection.
- On ne programme pas de rendez-vous avec les opérationnels en prospection avant d'avoir vu rencontré l'Executive.
- Les commerciaux ont la responsabilité de rencontrer l'Executive au moins une fois par an en base client.
- Un meeting Executive est un meeting en *one-to-one* (maximum deux chez nous).
- Un rendez-vous Executive doit se conclure par un « *Stop or Go* » verbalisé par l'Executive.
- Le VP sales est disponible si nécessaire pour les RV Executive sur des deals dépassant 500 k€.
- Un deal sur lequel l'Executive n'a pas été vu ne peut être forecasté à plus de 70 %.

- On transmet systématiquement au client un No-Go pour les consultations dans lesquelles l'accès à l'Executive est impossible.
- Il n'existe pas de proposition sans *Unique Business Value* (UBV).

La principale vertu du code source est d'exister. Le rédiger oblige à se poser les bonnes questions.

Comme dans toute règle, il faut distinguer la lettre et l'esprit. L'objectif n'est pas, à travers ce code source, de substituer systématiquement le processus au bon sens. En revanche, il s'agit de faire en sorte que l'exception d'aujourd'hui soit la règle de demain, et *vice versa*.

Évidemment, produire un tel document n'est qu'une première étape. Il s'agit qu'il soit partagé, compris et appliqué... au point de faire partie intégrante de la culture commerciale.

Ce qui pose la question du déploiement du modèle de vente.

Les modèles de déploiement

Comment passer d'un modèle de vente « bottom-up » à un modèle de vente « top-down » ?

Cette question recouvre trois sujets distincts : le territoire commercial, le périmètre d'offres et celui du timing.

- **Territoire commercial : le mode « *One size fits all* »**

Le modèle de vente aux Executives s'applique-t-il aussi bien en base client qu'en *new business* ?

À l'évidence, oui. Et peut-être plus encore en base client. D'abord parce qu'un client a souvent plus de valeur qu'un prospect. Ensuite parce que le constat est souvent que l'on fait dans la durée moins d'efforts (et pas les bons) auprès des clients qu'auprès des prospects. Et c'est probablement l'une des principales raisons pour laquelle on les perd.

Le modèle de vente aux Executives s'applique-t-il aussi bien sur le segment « *mid-market* » que sur le segment « *enterprise* » ?

À nouveau la réponse est positive. Certes les circuits de décision sont plus courts sur les PME. Et, dans le même temps, le niveau de contrôle des PDG est souvent encore plus élevé.

En revanche, le marché des TPE, où l'Executive et l'opérationnel sont généralement la même personne, échappe à cette logique.

- **Périmètre d'offres : le mode « Commando Hubert »**

La plupart des portfolios des entreprises couvrent à la fois des offres de commodités et des offres de valeur. C'est précisément ce qui pose problème : on cherche à faire vendre les offres de valeur par des commerciaux qui ne savent vendre que des commodités et cela ne fonctionne pas.

Mais vouloir tout vendre en mode « top-down » n'a pas grand sens non plus.

L'une des solutions consiste à faire coexister les deux modèles en montant une équipe spécialisée sur la vente de valeur, une sorte de « commando Hubert » (fig. 5.1). Avec des profils spécifiques, un modèle de vente spécifique, des règles spécifiques, une rémunération spécifique.

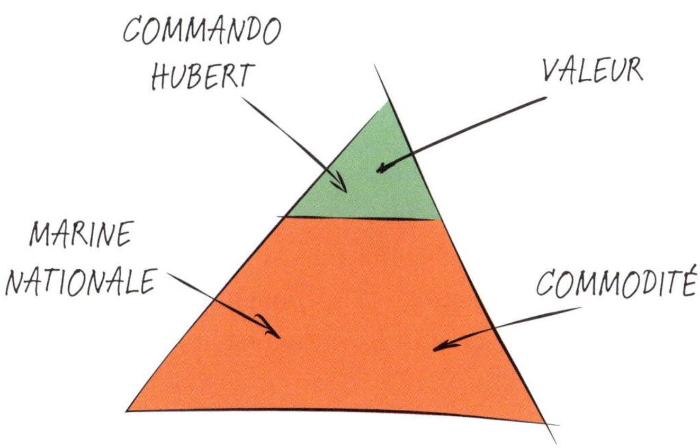

FIGURE 5.1. Le « commando Hubert »

Cette équipe peut se construire soit sur le fondement de recrutements externes, soit sur la base des effectifs existants, comme c'est le cas dans la Marine nationale.

Mais attention, un excellent commercial en vente de commodités peut s'avérer très décevant en vente de valeur, tant les compétences requises sont différentes.

- **Timing : le mode « *Go-Live* »**

Certains directeurs commerciaux ont le fantasme d'une transition en douceur, voire de la coexistence pacifique des deux modèles « top-down » et « bottom-up » au sein de l'équipe positionnée sur la vente de valeur.

Le constat est que cela ne fonctionne pas.

Le commercial, comme tout être humain, n'est pas très motivé par le fait de sortir de sa zone de confort. Tant qu'il a le choix, il trouve une excellente excuse pour justifier de continuer à faire ce qu'il a toujours fait, de la manière dont il l'a toujours fait.

La seule possibilité est de débrancher le canal « historique » et de basculer en 100 % « top-down » un jour donné. Sur le mode « *Go-Live* » (fig. 5.2), comme lors du lancement d'une nouvelle application ou d'un nouveau logiciel, ce qui nécessite en amont une phase de plusieurs mois de préparation afin d'adresser différents sujets :

- Alignement de l'entreprise sur le nouveau modèle de vente, en particulier direction générale, avant-vente et opérations. En effet, l'impact des No-Go et le nettoyage du *pipe* ont un impact direct sur le « pipe affiché ». Il y a donc un travail de pédagogie à effectuer sur la lecture d'un *pipe* à la fois plus faible et plus sécurisé.
- Nettoyage du *pipe* existant, et notamment élimination de tous les deals sur lesquels l'accès à l'Executive est impossible.

- Montée en compétences des commerciaux sur les nouvelles pratiques de prospection et de pilotage de deal.
- Éventuellement, recrutement de nouveaux profils plus adaptés à la vente de valeur.

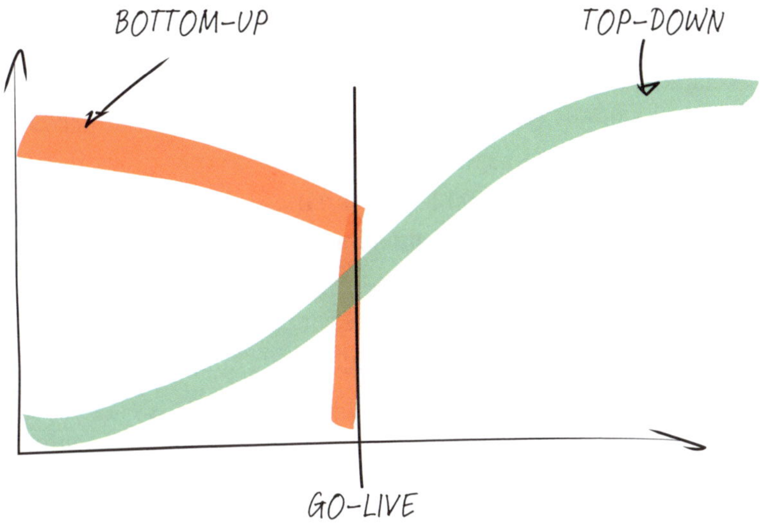

FIGURE 5.2. Le « Go-Live »

Il convient également d'intégrer dans le timing la latence inhérente au modèle « top-down » : en effet, il est beaucoup plus long d'obtenir des rendez-vous avec les Executives, dont les créneaux sont positionnés bien plus loin dans les agendas.

Il est donc pertinent de débuter la prise de rendez-vous Executive en amont du *Go-Live* afin de prendre le départ « déjà lancé ».

Maîtriser la répartition des rôles

Certaines entreprises, notamment américaines, ont mis en place des organisations commerciales relativement complexes dans le but d'aligner toutes les compétences nécessaires au développement du business.

Dans ce cas figure, on retrouve classiquement les « *sales* » ou commerciaux, les « *pre-sales* » ou avant-vente, les « *sales specialists* », qui portent des lignes de produits, et les « GAMs » (*global account managers*) qui sont responsables du client. Avec en plus, au-dessus de chacun d'eux, un responsable. Sans parler du PDG ou CEO qui, pour certains deals importants, peut s'impliquer personnellement.

Évidemment, chaque rôle défend ses intérêts et l'objectif d'efficience initial se perd parfois dans des guerres de chapelle internes.

Tout est affaire de clarification. L'approche que nous présentons dans cet ouvrage offre un canevas potentiellement très pertinent sur le sujet (fig. 5.3) :

- Le « *sales* » est responsable du deal et chef d'orchestre. Tous les autres rôles sont des ressources à sa disposition. Il décide du plan d'action et le met en œuvre. À l'arrivée, il porte le succès ou l'échec.
- Le « *sales specialist* » est le gardien de la proposition de valeur sur l'offre de services concernée.
- Le « GAM » est le gardien de la feuille de route du client. Parce qu'il dispose d'une vue d'ensemble de tous les deals en cours et des enjeux, c'est à lui que revient la responsabilité d'un No-Go. Il doit être en relation, dans la durée, avec les Executives du client et organiser avec eux les rendez-vous dont le commercial a besoin.
- Le « *pre-sales* » apporte un support technique.
- Le PDG (CEO) apporte un support politique, en rencontrant éventuellement son homologue chez le client... après avoir été parfaitement briefé par le commercial et le GAM.

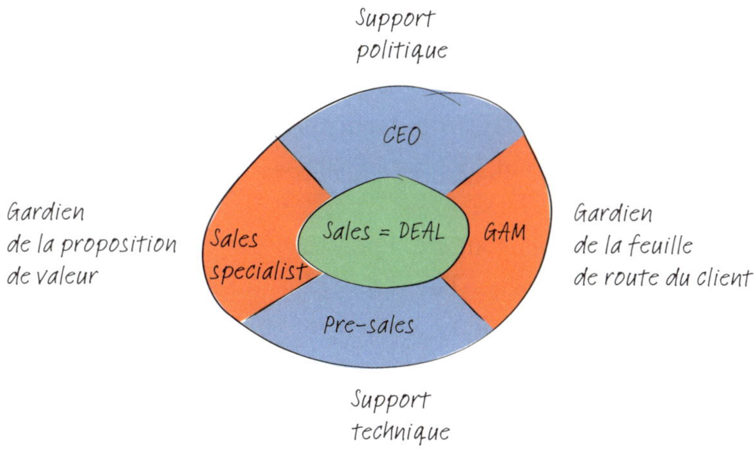

FIGURE 5.3. Les cinq rôles

S'appuyer sur les bons profils

Tous les commerciaux B to B n'ont pas vocation à rencontrer des Executives.

Le niveau de jeu induit par l'exercice suppose à la fois des qualités naturelles et un entraînement intensif. À l'instar d'un sportif de haut niveau. Mais avec une carrière beaucoup plus longue.

Ce qui pose d'emblée la question de l'âge. De même qu'une carrière de sportif de haut niveau s'arrête assez jeune, de même on imagine que celle d'un commercial capable d'engager avec des Executives commence assez tard. Ainsi, l'âge serait ici un gage de performance.

Je n'ai jamais été convaincu par ce raisonnement.

Je rencontre régulièrement des commerciaux de 30 ans qui sont crédibles et impactant face à un Executive qui pourrait être leur parent. Et je rencontre aussi régulièrement des commerciaux de 50 ans qui ne pourront sans doute jamais gérer un tel rendez-vous seul.

Ce n'est pas une question d'âge pour une raison simple : l'Executive ne veut pas particulièrement rencontrer un commercial avec des cheveux blancs, même si cette première image peut le rassurer quelques secondes. Il veut surtout rencontrer un consultant pertinent et crédible, qui a du fond.

Certes, ces qualités sont susceptibles de se développer avec les années, ce qui explique que l'on trouve plus de seniors que de juniors dans cette fonction. Mais il n'y a rien d'automatique.

Mais si ce n'est pas l'âge, quelles sont les qualités intrinsèques de ces commerciaux ?

Les nouveaux rois de la jungle

Difficile de faire un choix tant les qualités nécessaires sont nombreuses. Pour autant, à force d'observer les surperformeurs de la vente aux Executives, je constate qu'ils ont tous trois qualités communes : **énergie, intelligence et courage.**

- **L'énergie**

L'énergie est une qualité partagée par tous les commerciaux : B to B, B to C, vente de commodités et vente de valeur. Quelqu'un qui est fatigué n'a pas de souffle, d'impact et manque d'incarnation.

Mais cette énergie ne s'exprime pas de la même manière s'agissant de la vente aux Executives.

Le sujet n'est le dynamisme et la force de conviction que l'on peut mettre dans un rendez-vous, que j'ai qualifiés précédemment d'« enthousiasme surjoué ».

Il s'agit plus de l'énergie du marathonien que de celle du sprinter. Une affaire de résilience et pugnacité. Obtenir un rendez-vous avec un

Executive peut prendre plusieurs mois. Cela n'a aucune importance, seul le résultat compte. Encore faut-il faire preuve d'opiniâtreté, de détermination et donc d'énergie.

Par ailleurs, le pilotage des gros deals requiert une énergie considérable à la fois chez le client (piloter un gros deal, c'est conduire un projet dans une entreprise qui n'est pas la nôtre) et en interne. Ce second point étant souvent le plus consommateur de temps et d'énergie. C'est dans l'adversité, où les champs sont minés, où tout n'est pas linéaire, que l'on reconnaît les meilleurs.

- **L'intelligence**

Il ne faut pas appréhender cette qualité d'un point de vue élitiste, mais plutôt en avoir une compréhension large. On pourrait parler « d'éducation » au sens anglo-saxon. L'Executive veut rencontrer quelqu'un qui a du fond et de la forme.

L'intelligence, c'est donc bien sûr avoir compréhension globale du fonctionnement d'une entreprise et plus généralement de l'économie. Et pas une connaissance limitée à nos solutions et leur impact direct.

C'est aussi avoir une capacité à stocker des informations et des benchmarks, et une vivacité d'esprit et de raisonnement qui permet, en direct, de réfléchir à voix haute sans dire trop de bêtises.

L'intelligence est également situationnelle ; elle passe notamment par la maîtrise des codes : codes vestimentaires (oui, il y a des milieux où la cravate est encore de mise), codes de politesse (non, on ne s'assoit pas avant d'y avoir été invité), respect des distances (non, ce n'est pas parce que l'Executive nous tutoie et nous appelle par notre prénom que nous allons lui taper dans le dos).

Oui, mais vous allez me dire : « Les codes vestimentaires, c'est dépassé ! »

Il est vrai que le monde change et que ce refrain est régulièrement affirmé par les jeunes générations.
C'est pourtant largement faux. Les codes ont simplement changé et se sont sophistiqués.
Par exemple, porter une cravate est toujours de bon ton pour un rendez-vous au sein d'une institution financière… et dans le même temps « has been » si l'on va voir une start-up.
Et dans le cas de start-up, le meilleur moyen de passer pour un ringard est de porter la marque de basket qui était à la mode… l'année dernière.
Bref, les codes sont plus que jamais d'actualité.
Et comme disait ma grand-mère : « L'habit ne fait pas le moine, mais il permet de rentrer dans l'abbaye. »

- **Le courage**

Pas d'assertivité sans courage.

Je suis parfois dépité de rencontrer des commerciaux qui ont tout pour réussir, en particulier l'intelligence et l'énergie, mais dont le bras faiblit dans les moments décisifs : peur d'affirmer une conviction en rendez-vous, peur de prendre le drive, peur de dire « non », peur d'exiger de rencontrer l'Executive, etc.

Et c'est tout ce qui fait la différence entre un bon commercial et un excellent commercial.

Les enjeux de fidélisation

De tels talents sont rares. L'enjeu est par conséquent double pour les organisations commerciales : les recruter et les fidéliser.

Leur rareté interroge tout d'abord quant aux filières de formation initiales. Aucune formation de niveau bac+5 ne prédestine aux métiers commerciaux. Les grandes écoles de management françaises ont toutes des filières spécialisées en finance, marketing, ressources humaines... Très rares sont celles qui proposent des spécialisations commerciales. Pas assez noble.

Off the record

Il y a quelques années, alors que je participais aux jurys d'admission d'une célèbre école de management, j'ai échangé dans le couloir avec un groupe d'étudiants qui attendaient leur tour avec fébrilité. Et je leur ai posé la question suivante : savez-vous quel est le métier qui peut vous permettre de vous classer, à 30 ans, parmi les salariés les mieux payés de l'entreprise, qui s'apparente au sport niveau et qui va vous faire travailler sans cesse sur des projets différents avec des personnes différentes ?
Silence... Et quand je finis par leur décrire ce beau métier de commercial B to B, ils me regardèrent tous avec des yeux ronds. Et d'avouer que personne ne leur en avait jamais parlé pendant leur « prépa ».
J'espère avoir fait naître une ou deux vocations ce jour-là, mais cela pose quand même question.

Autant la vente de commodités n'est probablement pas assez attractive et rémunératrice pour de tels profils, autant la vente de valeur aux Executives doit absolument le devenir.

Le recrutement et la fidélisation de ces commerciaux nécessitent donc d'agir conjointement sur deux volets :

- **Placer les commerciaux en mode succès**

La formation aux bonnes pratiques décrites dans ce livre est évidemment indispensable. C'est aussi une manière de donner du fond et de la valeur à ce métier et de tirer les commerciaux vers le haut.

Mais elle ne peut être seulement conçue comme une action « *one-shot* », dans le cadre de l'« *onboarding* », comme c'est souvent le cas.

La formation ne fonctionne réellement que si elle est pratiquée de manière continue. Chaque réunion commerciale est potentiellement une occasion de consacrer une heure à un entraînement sur un sujet précis. On dit que l'on fait des « *drills* », c'est-à-dire un entraînement intensif permettant d'être à même d'exécuter sans hésitation sa mission (aucun lien avéré avec le patronyme de l'auteur).

Avec un niveau d'exigence très élevé. Récemment, un commercial aussi jeune que brillant, issu du sport de haut niveau, me rappelait l'objectif d'un entraînement : **« S'entraîner, ce n'est pas travailler jusqu'à réussir une fois, c'est travailler jusqu'à ne jamais rater. »**

- **Rémunérer le succès**

Certaines entreprises ont peu de culture commerciale, généralement parce qu'elles ont une immense culture technique. Elles considèrent par exemple qu'il suffit d'embaucher des commerciaux pour produire mécaniquement un revenu, sans mesurer l'impact de tel ou tel modèle de vente en fonction de leur marché.

Ce sont souvent les mêmes qui ont du mal à rémunérer les commerciaux à leur juste valeur. Au-delà des considérations liées à la tension entre l'offre et la demande, le principe même de payer un commercial au-delà d'un certain montant... irrite.

Cela est logique si l'on considère que le commercial est lui-même une commodité. En revanche, si l'on considère que c'est l'une des locomotives de la croissance du revenu et des marges... il ne faut pas hésiter.

De la même manière, je suis toujours étonné que certaines entreprises plafonnent la rémunération des commerciaux. Au nom de quel principe quelqu'un qui rapporterait 2 millions d'euros de marge au lieu des 400 000 attendus ne pourrait pas voir son bonus multiplié par cinq ? Quelle est la logique qui conduit à avoir des quotas minimum mais des rémunérations maximum ? À moins de vouloir décourager la surperformance...

Certaines entreprises se dédouanent en donnant du statut plutôt que de la rémunération : je rencontre parfois de jeunes commerciaux au titre ronflant de « *Senior Account Executive* ». Cela peut effectivement les motiver 3 mois, mais pas dans la durée.

Oui, mais vous allez me dire : « Ce n'est parce que l'on paie bien un commercial qu'il va rester ! »

C'est exact et nous avons tous en tête le nom d'un excellent commercial, en plein succès et très bien rémunéré, qui démissionne malgré tout.
Il faut aussi le comprendre : il vaut mieux changer d'air lorsque l'on est au sommet de sa cote que lorsque les choses se compliquent.
Le « package salarial » ne fait donc pas tout. En particulier, la flexibilité du « *home-office* », la culture de l'entreprise, les perspectives d'évolution et (le plus important pour la fin) les qualités managériales du responsable commercial sont des vecteurs puissants d'engagement... ou de désengagement.
Donc ce n'est parce que l'on paie bien un commercial qu'il va nécessairement rester. Mais ce qui est certain, c'est que si on le paie mal, il va partir. Surtout s'il est bon... C'est ennuyeux, parce que du coup seuls les mauvais restent.

Les enjeux de spécialisation

L'idée est de consolider la compétence en spécialisant les commerciaux par industrie ou par « verticales marchés ». Ainsi chaque affaire devient un benchmark pour les suivantes, sachant qu'au sein d'une même industrie, les entreprises sont confrontées à des tendances de marché semblables.

C'est précisément ce que font les grandes sociétés de consulting, où les consultants sont spécialisés par industries.

Le fait de maîtriser le fond en rendez-vous, mais également le vocabulaire et les acronymes, permet de démontrer en quelques minutes que l'on sait de quoi l'on parle, ce qui crée de la confiance.

Du point de vue du commercial, il est préférable de construire sa carrière en se spécialisant sur une cible (soit une industrie particulière, soit une fonction particulière au sein des entreprises), que sur un type de solutions.

Adapter le management

Les managers commerciaux vivent aujourd'hui sous la contrainte de deux injonctions paradoxales :

- Première injonction : l'exigence de rentabilité. Il faut faire 10, 15 ou 25 % de croissance du revenu sans augmenter les coûts en proportion. Quand l'écart est de quelques points, améliorer la productivité ou la motivation peut suffire. Mais si l'écart est plus important, et c'est généralement le cas, il faut changer de modèle. Autrement dit, on peut faire + 5 % à ressources égales en travaillant plus. Pour faire + 15 %, il faut travailler différemment. Et c'est précisément ce que permet ce modèle de vente. Mais changer un modèle de vente, c'est contraindre les commerciaux à sortir de leur zone de confort.
- Seconde injonction : l'obligation de fidéliser les commerciaux. Ils représentent une ressource rare et coûteuse en acquisition. Les managers ne peuvent pas permettre de les voir démissionner au motif qu'ils auraient trop de pression.

Tout l'enjeu est donc de trouver le bon équilibre entre pression et confiance, entre contrôle et autonomie, entre exigence et bienveillance. Éternelle question de management, qu'il s'agisse de la fonction commerciale, des autres fonctions de l'entreprise... ou des enfants.

La réponse consiste à revenir aux basiques, et en particulier à la « logique du cadre » : le cadre n'est pas négociable, tout ce qui se passe à l'intérieur est libre.

Dans le cas présent, le cadre se compose :
- du code source, qui est la traduction opérationnelle du modèle de vente et que nous avons vu précédemment ;
- des objectifs ou KPI, que nous allons détailler plus loin.

À l'intérieur de ce cadre, le patron, c'est le commercial (fig. 5.4).

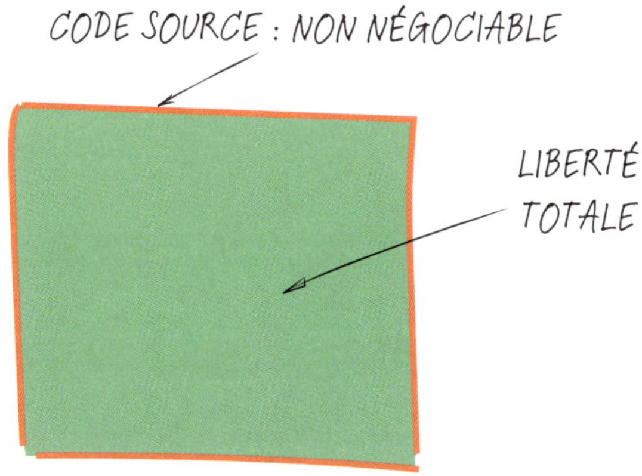

FIGURE 5.4. La liberté du commercial

Le commercial, CEO du deal

L'objectif est de mettre le commercial en responsabilité, ce qui est gage à la fois de motivation et de performance.

Il revient au commercial de décider :
- de la stratégie de deal ;
- des étapes et du timing ;
- de la réponse en termes d'offre ;
- du choix de l'UBC.

Dans ce contexte, sa hiérarchie doit être considérée comme une ressource à disposition, en termes de conseil aussi bien que d'accompagnement terrain.

Évidemment, un commercial junior qui vient d'arriver ne peut être considéré comme le patron de ses deals. Il doit donc être accompagné dans cette optique, mais sans perdre de vue cette finalité.

Les *Key Performance Indicators* (KPI)

Il convient de distinguer les indicateurs d'effort et les indicateurs de résultat, ce qui a un double intérêt du point de vue du management de la performance et de celui du management des commerciaux.

Les indicateurs de résultats portés par ce modèle vente sont au nombre de trois :

- taille des deals ;
- *win ratio* ;
- vitesse du cycle de vente.

Sans surprise, le déploiement de ce modèle de vente impacte prioritairement le point le plus faible.

Les indicateurs d'effort sont tous les indicateurs en amont qui participent aux résultats. À ce titre, **le meilleur indicateur est le nombre de premiers rendez-vous avec des Executives.**

Cet indicateur permet de piloter avec une forte corrélation le volume de projets à 3 ou 6 mois, et donc les signatures à 6 ou 12 mois.

Il est facile à piloter sous réserve de :

- de fixer des objectifs en termes de volume de rendez-vous ;
- d'ajouter un champ dans le CRM pour suivre les résultats.

L'avantage de ce double pilotage « efforts/résultats » est de pouvoir s'adapter aux besoins de chaque commercial.

Les juniors d'une part, ceux qui n'atteignent pas leurs objectifs d'autre part, doivent être temporairement pilotés aux efforts. Tous les autres aux résultats.

Conclusion

Le modèle de vente présenté dans ce livre tient en une idée : *driver* les deals top-down.

L'enjeu est de rendre la fonction commerciale plus attractive et plus rentable, tant pour les commerciaux eux-mêmes que pour les directions d'entreprise.

Sur cette base, tout s'articule avec cohérence dans les moindres détails, à condition d'aller au bout de la logique et de ne faire aucune impasse dans l'exécution.

En ce sens, la lecture de cet ouvrage ne saurait constituer que la première étape de l'aventure.

La seule question que vous devez vous poser à l'instant présent est : **est-ce que je décide de creuser le sujet et d'analyser la manière dont, en tant que commercial, directeur commercial ou chef d'entreprise, je peux mettre en œuvre ce modèle ?**

Bibliographie

Aguilar M., *Vendeur d'élite : techniques et secrets dévoilés*, 6e édition, Dunod, 2019.

Bernshteyn R., *Value as a Service*, Greenleaf, 2016.

Bosworth M. T., Holland J. R. et Visgatis F., *Customer Centric Selling. Field Guide to Prospection and Selling*, Mc Grall Hill, 2013.

Charan R., *What the CEO wants you to know: How your company really works*, Random House, 2018.

Cialdini R., *Pre-suasion: A Revolutionary Way to Influence and Persuade*, Penguin, 2016.

Dixon M. et Adamson B., *The Challenger Sale: How to take Control of the Customer Conversation*, Penguin, coll. « Portfolio », 2013.

Dixon M., Adamson B., Spenner P. et Toman N., *The Challenger Customer*, Penguin, coll. « Portfolio », 2015.

Duarte N., Resonate, John Wiley & Sons, Inc., 2010.

Eades K. M. and Sullivan T. T., *The Collaborative Sale: Solution Selling in a Driven-Customer World*, Wiley, 2014.

Gallo C., Talk like TED. *The 9 Public Speaking Secrets of the World's Top Minds*, Pan, 2017.

Gitomer J., *The Little Red Book of Selling. 12.5 Principles of Sales Greatness: How to Make Sales Forever*, Bard Press, 2004.

Greene R., Power. *Les 48 lois du pouvoir*, Alisio, 2009.

Harris M., *Insight Selling: How to Sale Value and Differentiate Your Product with insight scenarios*, Wiley, 2014.

Heath C. et Heath D., *Ces Idées qui collent*, Pearson, 2016.

Iannarino A., *The only sales guide you'll ever need*, Penguin, coll. « Portfolio », 2016.

Kahneman D., *Système 1 – Système 2*, Flammarion, 2012.

Kim W. C., Mauborgne R., *Stratégie Océan Bleu. Comment créer de nouveaux espaces stratégiques*, 2e édition, Pearson, 2015.

Klaff O., *Pitch anything: an Innovative Method for Presenting, Persuading and Winning the Deal*, McGraw Hill, 2011.

Konrath J., *Snap Selling*, Penguin, coll. « Portfolio », 2012.

Miller R. B. et Heiman S. E., *The New Strategic Selling: The Unique Sales System Proven Successful by the World's Best Companies*, 3e edition, Kogan Page, 2011.

Morgan A., *Eating the Big Fish: How Challenger Brands Can Compete Against Brand Leaders*, 2e édition, Wiley, 2009.

Nichoas A.C. Read, Bistritz S. J., Ed. D., *Selling to the C-Suite: What Every Executive Wants to Know about Successfully Selling to the Top*, 2e edition, McGraw Hill, 2018.

Parinello E., *Selling to VITO, Get to the Top, Get to the Point, Get to the Sale*, Adams Media, 2010.

Peoples David A., *Selling to the Top*, Wiley, 2009.

Rackham N., *Spin® Selling*, Routledge, 1995.

Reilly T. et Reilly P., *Value-Added Selling*, 4e édition, McGraw Hill, 2018.

Richardson L., *Changing the sales conversation*: *Connect, collaborate, close*, McGraw Hill, 2013.

Roberge M., *The Sales Acceleration Formula*, Wiley, 2015.

Ross A., Tyler M., *Predictable Revenue*, Pebble Storm, 2011.

Schultz M. et Doerr J. E., *Insight Selling: Surprising Research on What Sales Winners Do Differently*, Wiley, 2014.

Schultz M. et Doerr, J. E., *Rainmaking Conversation*, Wiley, 2011.

Shonka M. et Kosch D., *Beyond Selling Value*, Kaplan Publishing, 2002.

Shonka M. et Kosch D., *Breaking the rules: 111 tips fot selling value in the era of procurement*, Impax, 2014.

Squire P., *Transformed Selling*, Kogan Page, 2020.

Stiving M., *Value Selling: How to Win More Deals at Higher Prices*, Impact Pricing, 2022.

Stratten S. et Kramer A., *Unselling: The New Customer Experience*, Wiley, 2014.

White A., *Meddicc: The Ultimate Guide to Stayning One Step Ahead in the Complex Sale*, Nielsen, 2020.

Yountz R. D.., *The Lost Art of Selling: 15 Essentials for Closing More Deals Now*, 2021.

Et, s'il ne fallait retenir qu'un seul ouvrage :

Arden P., *Vous pouvez être ce que vous voulez être*, Phaidon, 2004.

Index

60 premières secondes 116

A

Accusé de réception 99, 102
Achat 23, 25, 65
Achats 65
Achats (service) 65
Affaire Enron 24
Agilité 13
Alignement V, 52, 53, 61, 117, 120, 128, 142, 163, 165
Analytics 49
Anaplan 79
Appel d'offres 69, 164
Assertivité 97, 120, 121, 122, 127, 161, 176
Avantage concurrentiel 11
Avant-vente 120, 129, 158

B

Benchmark 54
Biais 31
Big data 88
Budget 106
Business Intelligence (BI) 79
Business model 11, 12, 15, 17

C

Chaîne de valeur 11
Change management 31, 110
Changement 19, 22, 26
Client 59, 64, 121, 157
Cloud 9
Code source 181
Code source commercial 166, 167, 181
Commodité 10, 13, 20, 23, 117, 169, 170
Confiance 111, 133, 126
Conflit d'intérêts 24
Consultation 59, 70, 163
Contractualisation 129
Courage 176
Customer Relationship Management (CRM) 11, 27, 47, 48, 49, 50, 51, 166, 182
Cycle de vente 30, 53, 182

D

Data 16
Deal reviews 66
Décision 22, 23, 25, 26, 32, 34, 42, 152
Déploiement modèle 168
Désalignement 51
Devialet 84
Différenciation 76
Digitalisation 11
Direct Call 149
Disruption 12, 14

E

Emotion 85, 87
Empathie 97, 98, 120, 121
Energie 174
Engagement 50, 53, 58, 137, 143, 150, 155, 162
Enjeu stratégique 42
Entreprise de taille intermédiaire (ETI) 19
ERP 10
Executive Ownership 110
Executive Selling 18
Executive Value Pitch 76

F

Feuille de route 119, 121, 129, 142, 157, 158
Fidélisation 176

G

Gouvernance 24, 109, 158

I

Improvisation 124, 125
Incarnation 123, 127
Indbound marketing 154
Indicateurs clés de performance (KPI) 30
Insights 122, 134
Insight Selling 134
Intelligence 175
Intelligence artificielle (IA) 16, 17, 49
Intuition 17, 87, 88, 91, 125, 126

J

Jedox 79

K

Key Performance Indicators (KPI) 182

L

Leadership 84
Lead Generation 68
LinkedIn 68, 73

Logique d'apprentissage 151
Loi Sarbanes-Oxley 24

M
Management 180
MEDDIC 55
Medicrea 16
Méthodologie commerciale 48
Motivation 132, 136

N
Négociation conduite 60
No-Go 172
Non-décideur 160
Non-décision 28

O
Objection 96, 145
Océan Bleu 16, 83
Océan Rouge 68
Offre de valeur 19
Opérationnel 51, 61, 67, 158
Organigramme 50

P
Phase de découverte 130, 132
Pitch 85, 92, 93, 95, 96, 130, 134, 135, 136, 137
Positionnement 62, 80, 94
Posture 113
Pouvoir 137
Pricing 6, 9
Priorisation 103
Prix 8, 24, 108
Processus de décision 22, 50, 152
Profil d'executive 173
Proposition de valeur 64, 77, 119, 134
Prospection 59
Protys 17, 79
Pyramide de valeur 14

R
Rapport de force 140
Rationalité 86
Rendez-vous 68, 71, 128, 171
Réputation 40
Return on investment (ROI) 8, 30, 31, 107
Risque 108
Rupture technologique 15

S
SaaS 9, 57, 58, 108
Sales Development Representatives (SDR) 68
Salesforces 57
Sécurité 40
Smart Calling 74, 148, 149, 150
Smart Engagement 148
Solution Selling 130, 134
Soumission 115
Spécialisation 179
Sponsorship 61
Storytelling 92
Strategic Selling 56
Succès 177, 178
Surperformance 179

T
Tabou 106, 108
Technique de vente 140
Tesla 84
The Challenger Sale 55
The Predictable Revenue 57
Transformation 11, 39, 165
Tunnel d'engagement 143, 155

U
Unique Business Value (UBV) 62, 63, 64, 168
Urban Green 18

V
Value as a Service 17
Value Selling 56
Vision 80, 81, 91

W
Win ratio 2, 30, 61, 182

Y
Yield management 6, 8